이유 없이
흔들리는
나무는 없다

이유 없이 흔들리는 나무는 없다

정용현·정순자 지음

개인과 가정을 회복시키는 치유사역자

가정사역·심리치료·내적치유

추천사

정용현 목사님의 자서전을 읽으면서 특별한 인생을 산 느낌을 주고 있다. 그러나 사람에 따라 다소의 차이는 있겠지만 대부분 인생을 살았다는 그 자체를 비교해보면 대동소이(大同小異)하다. 그러나 정용현 목사님은 대동소이하다는 표현보다는 좀 다른 어쩌면 기구(崎嶇)한 운명(運命)을 산 주인공이라 할 수 있다.

그가 여타 사람들처럼 평범한 삶으로 보통 사람답게 살지 아니하고 성직을 선택한 그 자체부터가 바로 일반인과 다르다는 것이다. 그는 태어나면서부터 허약체질(虛弱體質)로 죽을 수밖에 없었는데도 오늘까지 70여 년을 살아오게 된 것이 곧 하나님의 섭리요 축복이라고 고백했다. 그래서 그는 자기처럼 병약한 자들의 건강을 위하여 치유사역으로 시종일관(始終一貫)한 것이다.

이뿐만 아니라 학업도 여타 사람들처럼 정규 코스보다는 주경야독(晝耕夜讀)으로 검정고시(檢定考試)를 28세에 합격할 만큼 끈질긴 인생에 도전장을 낸 놀라운 인생을 산 자이다. 더 놀라운 것은 패혈증(敗血症)으로 3일이 삶의 전부라는 의사의 진단에도 불구하고 히스기야 왕처럼 기도의 무릎을 꿇었기에 다시 소생할 수 있었다는 것이다. 이것도 평범한 자는 아니라는 것이다. 이런저런 사유에서 정용현 목사님은 일생 치유사역으로 일관해왔다.

어쨌든 이 분은 말로 표현할 수 없는 환경임에도 불구하고 그 환경에 굴복하지 않고 도전하고 또 도전했으며 극복하고 또 극복하여 오늘의 임마누엘교회를 개척하고 능력있게 사역하고 있다. "천국은 침노하는 자가 빼앗느니라"(마11:12)라는 말씀처럼 오로지 믿음으로 침노하는 일을 게을리하지 않았다. 그래서 이 책을 한번 손에 쥐면 나도 모르게 깊은 성취감에 빠져들게 된다.

어쨌든 정용현 목사님의 일생의 삶과 사역은 그 누구도 모방(模倣)하기 힘든 삶이었기에 좌절하지 않고 다시 일어서는 불사조(不死鳥)의 인생이 되었던 것이다. 행여 삶에 지쳐 이제는 살 소망이 없다고 느끼신 분이 계신다면 나는 이 책을 한번 권하고 싶다. 이유는 정용현 목사님처럼 반드시 새로워지고 능력 있는 자로 일어설 수 있음을 확신하기 때문이다.

남기탁
전 총회규칙부장 겸 복된교회 원로목사

목차

....

Part.1   나의 인생 나의 고백
_나의 인생은 하나님의 은혜로 살아온 덤으로 산 인생이었다

....

아! 아내도 인격이 있구나

나는 경남 하동 적량의 자그마한 농촌마을에서 태어났다. 초등학교 때의 나의 기억으로는 아버지는 계셨지만 보이지 않았다. 깊고 달콤한 꿈속에서의 시간을 마치고 초등학교에 가기 위해 눈을 뜨면 거의 매일 아버지는 보이지 않았다. 이른 아침부터 어디에 가셨을까, 얼마 후에 끙끙거리면서 사립문 여는 소리가 들린다. 그 사이에 풀을 한 짐 해서 지게에 지고 오셨다. 풀을 베는 계절이 아닐 때는 나무를 한 짐 해서 오셨다. 그럴 때면 어렸음에도 내 마음속에는 미안한 마음이 들었다. 아버지는 풀을 한 짐이나 해가지고 오셨는데 나는 무엇을 하고 있었단 말인가!

그런데 아버지는 곧 아침 식사를 하시고는 또 지게를 지고 나가셨다. 시계가 없던 시절이라 정확히는 알 수 없지만 아마 오전 11시경이 아니었을까, 아버지는 또 한 짐 지고 오셨다. 마당에 풀어놓으시고는 또 지게를 지고 나가셨다. 그리고 점심때가 되어서 또 한 짐을 해오셨다. 그러니까 오전에 두 짐을 해가지고 오신 것이다. 나는 아버지가 참 부지런하신 분임을 느꼈다. 아버지는 점심 식사를 하신 후에야 본업인 농사일을 하러 가셨다.

아버지는 지금 말로 하면 일 중독자셨다. 아버지는 결혼하기 전까지는 남의 일을 해 주고 세경을 받아 생활하셨다. 그러다가 논 다섯 마지기를 사셨고 내가 초등학교 때 또 세 마지기를 더 사서 합 여덟 마지기를 농사하시면서 생활을 하셨다. 덕분에 나는 보릿고개라든가 먹을 것이 없어서 굶주려본 적은 없었던 것 같다.

그런데 성장해서 상담공부를 하면서 생각해보니 아버지는 다양한 중독자였음을 알게 되었다. 온종일 담뱃대를 입에 물고 계셨고 술만 잡수시면 인사불성 제정신이 아니었으며 자식이야 어떻게 되든지 상관하지 않고 오로지 일만 아시는, 일밖에 모르시는 담배 중독, 술 중독, 일 중독자셨다.

이런 아버지의 모습을 본 나는 어떻게 자랐을까? 무엇을 보고 자랐으며 무엇이 나의 몸에 배었으며 무엇이 습관이 되고 체질이 되었을까? 어느 날 나의 모습을 바라본 나는 깜짝 놀랐다. 바로 아버지의 모습이 나의 모습이었음을 깨달았기 때문이다. 심지어 아버지의 인상뿐 아니라 탈모까지도 꼭 그대로 빼닮았다. 누가 가르쳐준 것도 아니다. 누가 배우라고 강요한 것도 아니다. 내가 꼭 아버지처럼 살아야겠다는 그런 생각을 해본 적도 없다. 그런데도 아버지의 행동이, 아버지의 삶이 나도 모르게 스며들어 몸에 밴 것이다.

담배, 술은 어려서부터 멀리했지만 내가 일 중독자였던 것은 알지 못했다. 나는 농촌생활을 13년밖에 하지 않았음에도 하루라도 일을 하지 않으면 미안함과 죄책감이 밀려오곤 하였다. 14살에 부산으로 이사하여 중고 세발자전거 수리 판매, 고무다라공장, 알루미늄 그릇에 문양 새기고 조각하는 공장, 편물공장, 라이터공장, 고물장사, 노점장사, TV 전축, 성창합판 등등 생각해보면 나도 아버지처럼 살았다. 나중에 알고 보니 나도 아버지를 꼭 빼닮은, 일밖에 모르는 중독자였다.

그러는 중에 치유사역 공부를 하면서 1박 2일 치유사역에 들어갔다. 치유사역을 리더하는 교수는 나의 별명을 '소(Cow)'라고 하였다. 목석, 기계, 모든 가족이나 사람들의 인격을 보지 않고 이들을 하나의 기계 부속품이나 톱니바퀴로 보는, 죽자 살자 소처럼 일만 하는 사람이라고 하였다. 생각해보니 나는 실제로 그런 사람이었다. 심지어 어머니가 돌아가셨음에도 눈물 한 방울 흘리지 않는, 감정이 경직되고 메말라버린 냉혈인간이었다.

나는 아내와 함께 치유사역을 하였는데 아내가 치유를 받으면서 개척교회 시작을 할 때 아이들에게 우유도 제대로 먹이지 못했던 것 등 힘들었던 일들을 털어놓았다. 나는 화가 많이 났다. 나는 아니 그러려면 왜 목회자와 결혼했느냐고 한바탕 해대려고 하는데 진행하는 교수가 가만히 듣고만 있으란다. 그리고 팀원들은 모두 아내 편만 들었다. 화가 너무 났다. 뛰쳐나가버리고 싶었다. 그럼에도 화를 꼭 누르고 끝까지 견디어내었다.

아내 이야기를 들으면서 "아, 아내도 인격이 있구나. 자녀들도 인격이 있구나" 하고 깨달았다. 보통 사람들에게는 아무것도 아닌 것 같이 들릴지 모르겠지만, 나에게는 천지가 개벽하는 청천벽력과 같은 깨달음이었다. 왜냐하면 나에게는 아내나 자녀의 인격이 없었기 때문이었다. 내가 한번 결정하면 무조건 순복하고 따라와야만 했고 만약 따라오지 않으면 화를 내고 고함을 지르고 난리를 피웠다. 그러나 이제부터는 아내에게도 인격이 있고 그 인격은 나의 인격과는 다르다는 것을 깨닫게 되었다. 자녀들도 각자 존중받을 권리가 있고 나와 다른 인격이 있음을 깨닫고 존중하기로 마음먹었다.

나는 신학교에 들어가면서 일을 그만두었는데 한참 동안 죄책감에 시달렸다. 일을 하지 않는다는 것은 죄짓는 것이나 다름없다고 생각했기 때문이다. 다른 사람들은 저렇게 열심히 일을 하는데 나는 이러고 있어서 되겠냐는 반문과 일에 대한 중독으로 오랫동안 시달렸다. 그러나 주님 안에서 기도하면서 무거운 짐을 내려놓기 시작하였고 조금씩 치유를 받는 중에 지금은 많이 자유로워졌다. 그렇다. 나는 더 이상 노예가 아닌 하나님의 자녀다. "진리를 알 지니 진리가 너희를 자유롭게 하리라"(롬8:32). 아멘.

2023년 8월
정용현, 정순자

가족사진(2023년 2월 11일, 장녀의 결혼예식장에서)

정용현 목사, 정순자 사모, 장녀 정은선, 사위 박지만, 차녀 정혜선, 사위 김성준,
손자 김하랑, 김하민

Part 1.　　　　나의 인생 나의 고백

나의 인생은
하나님의 은혜로 살아온 덤으로 산 인생이었다

1장 농촌에서의 어린 시절

피투성이라도 살아있으라

. . .

내가 태어난 고향은 경남 하동군 적량면 동리 하곡이라는 13가구
가 사는 자그마한 시골 마을이다. '하곡'이라는 말은 '새우 하(鰕), 골
곡(谷)'이라는 한자어로, 산을 팠더니 새우가 나왔다는 전설에서 '새
빗골' 또는 '하곡(鰕谷)'이라고 불렀다 전해진다. 하곡은 자그마한 동
네지만 3면이 병풍처럼 둘러져 있으며 하동 정씨 시조의 무덤이 있고
제각이 있어서 매년 10월이면 전국에 사는 하동 정씨들이 모여 해마
다 시제를 지내는 종중이 있는 동네기도 하였다.

그런 동네에서 사신 나의 할아버지는 부인이 3명 있었다. 첫째, 둘
째 부인은 일찍 돌아가시고 셋째 부인에게서 형제를 보셨는데 나의
아버지는 둘째시다. 아버지 또한 결혼을 두 번 하셨는데 일제강점기
에 첫 번째 아내는 병이 들었으나 병원에 갈 형편이 되지 않아 돌아
가시고 그 후 나의 어머니와 결혼을 하셨는데 무려 20살 차이가 난
다.

아버지의 첫째 부인은 자녀가 둘이 있었는데 어머니가 돌아가시
니 자녀들도 곧 세상을 떠났다. 둘째 부인인 나의 어머니도 자녀가 8
명이다. 처음 남자 2명, 여자 1명을 낳았는데 어려서 일찍 세상을 떠
났다. 아버지도 아버지시지만 어머니의 마음이야 오죽하셨을까. 석가
모니는 어느 날 제자를 거느리고 길을 걷다가 해골을 보고 저 해골이

남자의 것이라면 희고 무겁지만, 여자의 것이라면 검고 가벼운 법이다 하면서 그 까닭은 여자는 아이를 한 번 낳을 적마다 서 말 서 되의 피를 흘리고 여덟 섬 너 말의 젖을 먹여야 하므로 백골이 검어지고 또 가벼워질 수밖에 없다고 하였다 한다. 자녀를 낳는 고통은 기쁨이라도 있으련만 낳은 지 얼마 되지 않은 천사 같은 아이를 그도 3명이나 먼저 저세상으로 보내야 하는 어머니의 마음은 아마 타고 타다 남은 숯검정이 되지나 않았을까.

그런 중에 나를 임신하셨다. 어머니는 혹시 이 아이가 죽어서 나오지는 않을까, 태어나더라도 사람 노릇이나 할까, 산다 할지라도 몇 년이나 살 수 있을까 하셨다고 한다. 심리학자들은 사람이 하루에 오만가지 생각을 한다고들 하는데 아마 어머니는 오만 곱하기 오만가지의 생각이 스쳐 지나갔을 것이다. 그런 가운데 내가 무사히 네 번째로 태어났다. 아마 부모님은 기쁨보다는 염려, 행복보다는 우려가 더 많았을 것이다. 그래서 아버지 어머니는 살면 살고 죽으면 어떻게 할 수 없다는 생각으로 호적에 올리지 않으셨을 것이다. 자식 3명의 출생신고를 했다가 사망신고를 해야 하는 아버지의 심정이야 오죽했겠는가. 그렇기에 아예 출생신고를 하지 않고 있다가, 죽지 않고 살면 그때에나 출생신고를 하자고 부모님은 생각하셨던 것 같다.

그런데 곧 꺼져버릴 것 같은 생명이 꺼지지 않고 온갖 잔병을 치르면서도 3년을 버티어내었다. 3년이 지나도 생명이 붙어있는 것을 보고는 아버지는 마지못해 겨우 호적에 올렸다. 그러나 호적에 올렸음에도 혹시나 하고 늘 불안하였을 것이고 마음은 놓이지 않았을 것이다. 피투성이라도 살아있으라. 그런 가운데 가느다란 실오라기 같은 생명이나마 나는 살아있는 인간이 되었는데 이런 나의 모습이 하나님께서 에스겔에게 보여주신 예루살렘과 같은 존재가 아니었을지….

"네가 난 것을 말하건대 네가 날 때에 네 배꼽 줄을 자르지 아니하였고 너를 물로 씻어 정결하게 하지 아니하였고 네게 소금을 뿌리지 아니하였고 너를 강보로 싸지도 아니하였나니 … 네가 나던 날에 네 몸이 천하게 여겨져 들에 버려졌느니라 내가 네 곁으로 지나갈 때에 네가 피투성이가 되어 발짓하는 것을 보고 네게 이르기를 너는 피투성이라도 살아있으라 다시 이르기를 너는 피투성이라도 살아 있으라 하고"(겔16:4-5,6).

태어날 때 배꼽 줄도 자르지 않았고 물로 씻지도 않았으며 소금도 뿌리지 않았고 강보로 싸지도 않았을 뿐 아니라 피투성이로 들에 버려져서 버둥대는 비참하고 불쌍한 예루살렘이다. 바로 이 '예루살렘'과 같은 존재가 '나'라는 존재다. 한번 밟으면 뭉개질 지렁이 같은, 벌레에 씹히어 곧 쓰러질 것 같은 상한 갈대와 같은, 누구 하나 도와줄 자 없는, 고아와 같은 존재, 악한 자에게 그대로 노출되어 악한 자가 한번 마음먹으면 그대로 당할 수밖에 없는 보호자가 없는 불쌍한 존재, 그것이 바로 예루살렘이요 나 자신의 모습이었다.

그럼에도 들에 버려져 피투성이가 된 채로 버둥대는 나에게 하나님이 다가오셨다. 비록 네가 피투성이지만 '피투성이라도 살라'는 명령을 내리셨다. 위의 두 명의 형과 한 명의 누나처럼 죽지 말고 살아있으라고 명령을 내린 것이다. 그 후로도 나는 많은 아픔을 겪었지만 그럼에도 하나님의 명령에 의해 피투성이지만 살아있는 존재가 되었다. 보호자이신 하나님의 명령 아래 지금도 살아있는 존재(Being)다.

웃어도 웃는 게 아니었다

• • •

나는 어렸을 때 경제적으로는 대체로 평온한 가정에서 성장하였다. 당시 시골에는 먹을 것이 없어서 밀가루로 풀을 만들어 먹었고 보릿고개라는 게 있었다. 보릿고개란 지난해 가을에 수확한 양식이 바닥나고 올해 농사지은 보리는 미처 여물지 않아 5~6월 식량 사정이 매우 어려운 시기를 의미한다. 일제강점기의 식량 수탈과 6·25전쟁으로 인해 당시 사람들은 극심한 굶주림 속에 살아야 했다. 대부분의 농민들은 추수 때 걷은 농작물 가운데 소작료·빚·이자·세금 등 여러 종류의 비용을 뗀 다음 남은 식량을 가지고 초여름 보리 수확 때까지 견뎌야 했다.

그래서 가수 진성의 노래 〈보릿고개〉가 인기가 있는지도 모르겠다.

아야 뛰지 마라 배 꺼질라. 가슴 시린 보릿고갯길 주린 배 잡

고 물 한 바가지 배 채우시던 그 세월을 어찌 사셨소.

그런 시대 속에서 먹고사는 걱정 없이 쌀밥을 먹고 살았으니 말이

다.

당시에는 5일마다 장이 열렸는데 이를 오일장이라 한다. 오일장

에는 아버지와 어머니가 동네 사람들과 같이 가셨는데 대체로 아버

지는 나무를 한 짐 지고 가셨고 어머니는 나무를 이고 가셔서 하동

읍내 시장에 놓고 팔았다. 시장에 나무를 내려놓고 있으면 나무를 사

고자 하는 사람이 와서 흥정을 한다. 흥정이 되면 집에까지 가져다주

고 돈을 받아온다. 그러면 그 돈으로 반찬이나 신발, 옷 같은 필요품

들을 사 가지고 오셨다.

초등학생인 나도 13살 때 부모님을 따라서 장작을 지게에 지고

가서 한 번 팔아본 경험이 있다. 집에서 하동읍까지 거리는 8㎞ 길이

다. 산길을 따라 높은 산을 두 개를 넘어야 했다. 몇 번을 쉬고 또 쉬

어야만 갈 수 있다. 집에서 이른 아침을 먹고 출발해서 이르면 오후

5~6시경 집에 도착한다. 그러나 늦으면 오후 9~10시경에야 도착한

다. 나는 아버지 어머니가 장에 가시고 나면 방과 마당을 깨끗이 쓸고

닦고 돌아오시면 바로 저녁을 잡수실 수 있도록 밥과 국과 반찬을 다

준비해놓고 동구 밖을 바라보면서 기다렸다. 장에 갔다 오셔서 그런

나의 모습을 보신 어머니는 많은 칭찬을 해주셨다. 칭찬을 받을 때 나

는 기뻐서 다음에도 칭찬을 받기 위해 더 노력하였다.

그런데 장날만 되면 나는 불안했다. 이유는 아버지는 그냥 돌아오시지 않으셨기 때문이었다. 술에 얼큰하게 취하셔서 돌아오셨다. 집에 오시면 꼭 시비를 걸었다. 원래 말이 없는 분임에도 불구하고 술만 취하시면 밤새도록 구시렁거리시고 트집을 잡으셨는데 어떤 때는 마루에서 식사하시다가 밥상을 마당에 집어 던지시기도 하고 어떤 때는 어머니 머리채를 잡아끌면서 싸우셨다. 또 아버지가 이웃 잔치가 있어서 두루마기를 입으시면 나는 불안했다. 잔칫집에 갔다 돌아오실 때는 술에 만취해서 인사불성이 되어 돌아오시기 때문이었다. 그러면 또 밤새도록 시비를 걸고 잠도 자지 않고 구시렁거리면서 어머니를 괴롭혔다. 어머니가 이웃집으로 피신해버리시면 자녀들을 괴롭혔다. 폭력을 행사하시지는 않았지만 밤새 잠을 못 자게 하고 불안하게 했다.

평소에는 편안한 날이 많았음에도 여린 성격을 타고난 나에게는 그 모든 평안이 다 상쇄되고 지옥과 같은 날들이 펼쳐졌다. 오죽했으면 아버지를 사랑방에 가두고 열쇠로 잠가버렸으면 하는 생각까지 하였을까. 그러나 아직 어려서 힘이 모자랐다.

또 나는 많은 잔병치레를 했다. 왜 이렇게 잔병치레를 많이 했을까. 어머니는 내가 아플 때마다 온갖 좋다는 곳을 다 데리고 다니시면서 주사와 약을 쓰셨고 민간요법 또한 써보지 않은 것이 없었던 것 같다. 지금에 와서 생각해보면 어머니가 먼저 3명의 자녀를 보내고 상심이 말로 다 할 수 없었을 것이며 또 나를 임신하셨을 때에도 이 아이가 사람 노릇이나 제대로 하려나 하면서 많이 불안하셨을 것이다. 그것만 해도 감당하기 힘드셨을 것인데 아버지와의 부부싸움도 임신 중에 계속했을 터이니 내가 어머니 배 속에서 얼마나 불안하고 초조했겠는가.

"스승의 10년 가르침이 어미가 잉태하여 열 달을 기름만 같지 못하고 어미 열 달 기름이 아비 하루 낳는 것만 같지 못하니라(태교신기)."

태어난 후에 교육하는 것보다 태중에서 교육하는 것이 효과가 높고 태중 열 달 교육보다 잉태되기 전 아버지의 몸과 마음의 준비가 더 중요하다는 말이다. 사람은 그냥 태어나는 것이 아니라 만들어지는 것이라고 한다면 나는 그냥 태어난 것이 아니라 부모의 행동과 생각에 의해 만들어진 종합작품이었다.

그렇다면 나는 어떻게 만들어졌을까? 어머니 배 속에서 기도와 말씀과 찬송과 하나님과 부모님의 사랑을 받으면서 만들어지기보다는 날마다 살기 위한 몸부림치는 인간으로 만들어졌을 것이다. "아버지, 어머니. 나 살고 싶어요. 제발, 그만 싸우세요. 나 불안하고 초조해서 죽겠어요" 하고 호소했을 것이고 늘 긴장 속에서 하루도 마음 편할 날이 없었을 것이다.

그러니 잔병치레를 하지 않는다면 오히려 그것이 더 이상하지 않았겠는가. 긴장, 초조함, 날마다 이런 환경에서 살다 보니 근육은 경직되었고 근육이 경직되다 보니 깊은 호흡을 쉴 수 없었으며 산소공급과 혈액순환이 잘되지 않아 나의 얼굴은 사람들이 '어디가 아프냐' 물어볼 정도로 창백했다. 감정도 경직될 대로 경직되어 좋은 것을 보아도 좋은 줄도 모르고 기쁜 일을 만나도 기뻐할 줄 몰랐으며 또한 그 기쁜 일 다음에는 무슨 힘든 일이 생기지나 않을까 하고 불안하여서 기뻐하지도 못하고 살아갔다.

하나님은 사탄에게 "내가 그를 네 손에 맡기노라, 다만 그의 생명은 해하지 말지니라"(욥2:6) 하셨다. 욥이 사탄의 침입을 입어 발바닥에서 정수리까지 난 종기로 인하여 죽을 고생을 하였지만 생명만은 보호를 받았던 것처럼 나의 영혼과 마음, 육신은 사탄이 장난치는 놀이터가 되었지만 '피투성이라도 살라'는 하나님의 명령을 받아 목숨만 겨우 붙어 유지할 수 있었다. 그렇게 나는 사탄이 가지고 놀기 가장 좋은 환경에서 자랐다.

내 인생 속에 도적이 들어오다

• • •

그렇게 성장하는 나에게 사탄은 기회를 노리다가 나를 완전히 장악하고 말았다. 사탄이니 귀신이니 하면 경험해보지 않은 사람은 무슨 첨단과학시대에 '귀신 씨나락 까먹는 소리를 하느냐'고 핀잔하는 사람도 있을 것이다.

그러나 나는 초등학교 2학년 때의 끔찍한 일을 경험했다. 시골이니까 가끔 포수들이 총으로 사냥을 하였다. 한번은 포수들이 고라니를 잡아 물레방아도 있고 빨래하던 냇가에서 해체하고 있었다. 신기해서 친구들과 같이 한참을 구경하는데 갑자기 내 앞에 '불'이 나타났다. 그 불은 나 혼자만 아는 불이며 타지도 않는 영적인 불이었다. 나는 정신을 차리려고 안간힘을 썼다. 처음에는 조그마하고 동그랗던 불이 멀리서 나타났는데 계속 오른쪽으로 회전하였다. 그런데 나에게 다가오면서 점점 커지면서 더 빠른 속도로 회전했고 나를 강하게 내리쳤다.

나는 뺨을 때리고 머리를 흔들면서 정신을 차렸고 또 차렸다. 그러나 계속 반복해서 빠른 속도로 돌면서 나를 내리치는데 더 이상 감당할 수 없어 소리를 질렀다. 다른 사람에게는 보이지 않으니 사람들은 "왜 그래", "정신 차려" 했지만 눈을 떠도, 감아도 그 불은 계속 빠른 속도로 회전하며 반복해서 나를 내려쳤다. 결국 나는 고함을 지르면서 쓰러졌고 정신을 잃었다.

그때부터 이것이 질병이 되었다. 대낮에는 아무런 이상이 없는데 밤만 되면 자다가 놀라서 깼고 그 불이 나타났다. 어떤 때는 잠이 들지 않았는데도 놀라서 일어나면 그 불이 나타났다. 처음 봤을 때처럼 처음에는 조그마한 불이던 것이 점점 커지면서 강력하고 빠른 회전을 하면서 나를 휘몰아쳤다. 견디고 이겨보려고 안간힘을 써보았지만 헛수고였다. 아무리 머리를 쥐고 고함을 지르고 해보아도 결국은 내가 정신을 잃고 쓰러져야만 끝이 났다. 다음 날 아침에 보면 아랫도리가 흥건하게 젖어있고 머리가 깨질 듯이 아팠다. 나는 창피해서 소 여물 끓이는 가마솥 앞에 앉아서 아무도 모르게 바지를 말리느라 애를 썼다.

어떤 때는 매일, 2~3일, 10일 간격으로 밤만 되면 발작이 일어나니, 밤만 되면 불안이 몰려왔다. 혹시나 오늘 밤도…. 그래서 '등잔불', '호롱불'을 끄지 못하게 하였다. 나는 호롱불을 끄기 전에 잠이 들고자 애를 썼다. 그러나 내 생각일 뿐 잠을 재촉하다가도, 어떤 때는 잠을 자다가도 그런 일이 일어났다. 날마다 얼마나 불안한 나날들을 보내야만 했는지 경험해보지 않고는 이해를 할 수가 없다. 발작을 하면 부모나 어른들은 "왜 그래", "정신 차려" 하시며 뺨을 살짝살짝 두드리고 껴안으셨지만 누가 정신 차리기 싫어서 그랬겠는가.

눈을 감거나 떴을 때 보이지 않으면 좋으련만 눈을 떠도 감아도 그 현상은 사라지지 않으니 하루 이틀도 아니고 일평생을 이런 고통 속에서 살아야 한다고 생각해볼 때 얼마나 기가 막히겠는가. 그 짐은 오로지 내가 홀로 지고 가야만 했다. 아무도 그 아픔을 같이 져줄 사람도 없고 같이 아파해줄 사람도 없다. 심지어 부모일지라도 말이다. 그래서 하나님을 믿지 않으면서도 밤마다 '오늘도 무사히' 하고 기도

했다. 제발 오늘 밤만이라도 무사히 넘어갔으면 하는 바람이요 소원이었다.

한번은 이웃집 며느리가 아파서 돌아가신 시어머니의 영혼을 달래는 굿을 구경했다. 시아버지를 위시해서 여러 사람들이 구경하고 있었다. 무당이 춤을 추면서 이리저리 뛰더니 자기에게 시어머니의 영이 들어왔다고 시아버지의 뺨을 때리면서 "날 좀 보소, 날 좀 보소" 하는 것을 보았다. 영적인 세계는 분명히 있다. 고기 잡던 제자들이 어떻게 영적인 세계를 알았겠는가. 예수님의 제자가 되고 3년이나 훈련을 받았음에도 알지 못했다. 그러나 오순절 성령을 받은 후에 영의 세계를 바라보는 눈이 열렸다. "근신하라 깨어라 너희 대적 마귀가 우는 사자 같이 두루 다니며 삼킬 자를 찾나니 너희는 믿음을 굳건하게 하여 그를 대적하라"(벧전5:8-9).

"우리의 씨름은 혈과 육을 상대하는 것이 아니요 통치자들과 권세들과 이 어둠의 세상 주관자들과 하늘에 있는 악의 영들을 상대함이라"(엡6:12). 행복해야 할 내 운명 속에 도적이 들어와서 내 인생을 완전히 만신창이로 만들어놓고 말았다. "도둑이 오는 것은 도둑질하고 죽이고 멸망시키려는 것뿐이요 내가 온 것은 양으로 생명을 얻게 하고 더 풍성히 얻게 하려는 것이라"(요10:10).

사망의 음침한 골짜기에서 방황하다

. . .

내 인생 속에 도적이 침입한 이후로 나는 완전히 사탄에 얽매인 신세가 되고 말았다. 나는 분명히 정용현인데 정용현의 인생을 살지 못하고 사탄의 노예로 살아가고 있었다. 하나님은 분명히 행복하게 누리면서 자유롭게 살아가라고 나를 이 땅에 태어나게 하셨건만 나는 하나님이 기뻐하시는 정용현의 인생을 살지 못하고 사탄의 노예로 살아가고 있는 것이다. 바울 사도가 고백한 것처럼 말이다. "오호라 나는 곤고한 사람이로다. 이 사망의 몸에서 누가 나를 건져내랴"(롬7:24).

이런 나의 모습에 가장 마음 아파하실 분은 하나님이실 것이고 또한 아직도 하나님을 알지 못하시는 어머니일 것이다. 한 아들이 교통사고로 두 눈을 모두 실명했다. 아들은 평생 사물을 볼 수 없는 인생 살아서 무엇하겠느냐고 목숨을 끊으려고까지 하였다. 어머니는 그래도 기증자가 생길 수도 있다면서 참고 기도하자고 했다. 그러는 중에 의사 선생님이 기증자가 생겼다는 기쁜 소식을 전하였다. 엄마하고 아들은 기뻐서 눈물을 흘렸다. 아니 세상에 남에게 자기 눈을 기증해 주다니….

드디어 수술하는 날이 되어 수술하였고 얼마 지나서 눈을 감고 있는 붕대를 풀었다. 사물이 보이기 시작했다. 드디어 앞에 있는 어머니

의 모습이 보였다. 그러나 아들은 기뻐하기도 전에 어머니를 부둥켜
안고 "어머니 왜 그러셨어요" 하며 울어대기 시작했다. 어머니 한쪽
눈이 없었다. 어머니가 말했다. "아들아 미안하다, 두 눈을 다 주지 못
해서…. 두 눈을 다 준다면 네게 짐이 될까 봐 그랬단다."

이것이 어머니의 마음이다. 어머니는 나를 데리고 하동읍에 있는
병원에 갔다. 그러나 의사 선생님은 병명이 없다고 했다. 그래서 좋다
는 약, 민간요법도 써보고 점도 보고 굿도 여러 번 하였다. 우리 아들
고쳐주시라고 말이다. 그러나 아무도 대답해 주는 이가 없었다. '정용
현'이라는 이름이 좋지 않아서 그렇다고 하여 이름도 개명하였다. 나
중에 예수를 믿고 다시 정용현 이름을 사용하였다. 또 주문도 날마다
외워보았다. 그러나 아무 효험이 없었다. "보라 그들은 다 헛되며 그
들의 행사는 허무하며 그들이 부어만든 우상들은 바람이요, 공허한
것뿐이니라"(사41:29).

또 한번은 동네에 어르신이 돌아가셨는데 어르신 상여 앞에 가
서 내 병을 가지고 가라고 하면 내 병을 가져갈 것이라고 하길래 메
고 가는 상여 앞에서 왔다 갔다 했다. "어르신 저 아시지요, 질병 때문
에 너무 힘들어 죽겠어요. 이왕 세상을 떠나가시는 것, 나의 병도 좀
가지고 가주셔요." 몇 번을 당부했으나 무심하게도 이미 죽은 사람은
자기 병도 이기지 못하여 죽었는데 나의 병을 가지고 갈 능력이 되지
못하였다. 상여 안에 계신 어르신은 나를 보고 답답해하시면서 '미안
하다, 미안하다. 나도 그렇게 했으면 좋으련만…' 하셨을 것이라고 생

각한다.

그러다가 이번에는 아버지의 첫째 부인인 큰어머니의 무덤을 잘못 써서 그렇다길래 무덤을 파서 이장하였다. 무덤이 만들어진 지 20년은 넘었을 것이다. 좋은 곳에 모셔드릴 테니 내 병을 낫게 해달라고 하면서 무덤을 팠는데, 무덤 안에 큰어머님은 안 계시고 낡은 뼈 몇 개와 벌레 몇 마리만 있었다. 그것만이라도 정성껏 수거하여 좋다는 명당자리로 이장해드렸다. 그렇게 좋은 곳으로 이장을 해드렸음에도 큰어머님은 말씀이 없었다. 답답하기는 나도 부모도 마찬가지지만 무덤 속에 계신 큰어머님도 마찬가지였을 것이다. '미안하다, 미안하다.'

사탄은 그런 방법으로 눈먼 나를 속이고 부모를 속였다. 완전히 사탄의 놀잇감으로 인생을 살아가고 있었지만 나는 깨닫지 못하였다. 이렇게 나는 죽음의 골짜기, 사망의 골짜기에서 방황하며 헤매고 있었다. 하나님은 사망의 음침한 골짜기를 다닐지라도 두려워하지 말라고 하셨지만, 하나님을 알지 못하는 나는 여전히 어둠과 두려움과 공포와 좌절과 절망에 휩싸여서 사망의 음침한 골짜기를 빠져나오지 못하고 두려워하며 괴로워하며 아파하고 있었다.

소용이 없다는 회의감도 있었지만, 혹시나 하여 마지막으로 큰 굿을 하였다. 무당은 춤을 췄고 물을 뿌리면서 무엇이라고 떠들어댔다. 그러나 결과는 뻔했다. 허탈감이 몰려왔다. 나는 이대로 일생을 몸부림치면서 고통받다가 죽어야 한단 말인가. 더 이상 행복할 수가 없단 말인가. 더 이상 고침을 받을 수가 없단 말인가. 단테의 〈지옥편〉을 보면 지옥의 문 앞에 이렇게 쓰여있다고 한다.

'죄인들이여 일체의 희망을 버려라'

천국에는 믿음, 소망, 사랑, 공의와 정의의 하나님이 계시고, 인애하심과 자비가 풍성하신 사랑의 하나님께서 우리에게 영원한 천국 소망을 주실 것인데도 불구하고 나는 희망을 찾지 못하고 좌절과 절망 속에 방황하고 있었다. 오호라, 나는 곤고한 사람이로다. 이 절망, 좌절의 인생에서 누가 나에게 대답을 해주며 누가 나를 건져줄 수 있을까. 도대체 나를 건져줄 구세주는 어디에 있단 말인가.

그런 줄도 모르고!

• • •

나는 병을 치료하기 위해 해보지 않은 것이 없을 정도였음에도 그 어떤 것도, 그 누구도 나를 치료해주지 못했다. 아무런 효험이 없자 이전보다 더 깊은 좌절과 절망감에 빠졌다. 더 이상 기대나 소망을 가질 만한 곳이 없어졌다. 나는 끝내 이대로 내 인생을 마감해야 하는가. 이 세상 어느 곳에도 내가 치료받을 곳은 없단 말인가. 어느 누구도 나에게 소망을 줄 수 없단 말인가? 나에게 소망을 줄 수 있는 신은 없단 말인가?

내가 살아갈 용기를 잃고 나의 노력을 포기할 그때, 하나님은 내 마음 한구석에 한 줄기의 빛을 주셨다. 나는 아직 하나님을 몰랐지만, 하나님은 나를 인도하고 계셨다. 하나님은 내 마음에 소원을 주셨다. "너희 안에서 행하시는 이는 하나님이시니 자기의 기쁘신 뜻을 위하여 너희에게 소원을 두고 행하게 하시나니"(빌2:13).

그래, 내가 치료를 받지 않아도 괜찮다. 큰 기대를 했다가 치료가 되지 않아 절망하는 것보다는 대신 내가 생을 마감할 때까지 꾸준히 기도할 수 있는 곳만 있다면 그 희망을 붙들고 나는 살아갈 것이다. 그 한 줄기의 빛은 나에게 다시 일어설 수 있는 힘과 용기를 주었다. 그리하여 그런 곳을 찾기 시작했다.

하루 중에서 가장 어두울 때가 태양이 떠오르기 직전이라는 말이 있듯이 그때 나는 완전 밑바닥에 빠졌다. 숨이 곧 멎어버릴 것 같은 내 마음에서 동녘의 태양이 서서히 떠오르고 있었다. 그러나 문제는 그 어디에서도 그런 곳을 찾을 수가 없다는 것이었다.

이렇게 생각하고 있을 때 하나님은 어머니 마음에도 감동하셨다. 어머니에게도 나와 같은 마음을 주셨다. 어느 날 어머니는 나에게 "교회 가보지 않을래?" 하셨다. 나는 교회가 뭐 하는 곳이냐고 물었다. 그러자 이전에 사촌 형님이 크리스마스 때에 빵을 얻어먹으러 갔다는 이야기를 하셨다. 그런데 또 얼마 후에 하나님께서는 교회 근처에 살았던 조카를 우리 동네로 이사를 오게 하셨다. 내 마음에 감동을 주신 하나님이, 어머니 마음에 이어 조카까지 이사 오도록 하신 것이다. "우리가 알거니와 하나님을 사랑하는 자 곧 그 뜻대로 부르심을 입은 자들에게는 모든 것이 합력하여 선을 이루느니라"(롬8:28).

칼빈은 교회를 '신자들의 어머니' 또는 '하나님의 학교'라고 말했다. 나는 무지하였으나 하나님은 나도 모르는 사이에 하나님의 품으로 인도하시고 계셨다. 어머니는 조카에게 권해서 교회에 같이 다니라고 하셨고 조카도 그렇게 하겠다고 하였다. 나는 그 조카와 함께 동네 아이들을 모아 4㎞ 떨어져 있는 원동교회(현 남산교회)에 첫발을 디뎠다. 그때가 내가 초등학교 6학년 때다. 드디어 흑암에 행하던 나에게 하나님이 찾아오셨다. 사망의 음침한 골짜기에서, 살아보려고 빠져나오려고 몸부림치는 나를, 하나님은 불쌍히 여기셔서 희미하게나마 빛을 비춰주셨다. 병은 고침받지 못할지라도 꾸준한 소망을 가지고 기도할 수 있게 된 것이 너무나 감사했다.

집을 나간 탕자가 돌아오기를 학수고대하며 기다렸던 아버지처럼 하나님은 나를 피투성이라도 살라고 선택해놓으시고 몸부림치는 그 아들이 돌아올 때까지 기다리셨다. 세상에서 건져 줄 자가 있는지 실컷 찾아보고 더 이상 소망이 없다고 낙심했을 때, 마치 물에 빠진 자가 자기 힘이 다 빠졌을 때 구조자가 그를 건져내듯이 하나님은 이때를 기다리셨다가 당신 아들의 피로 값 주고 사신 교회로 인도하셨다.

그러나 나는 그런 줄도 모르고 부모 품에 안겨서 맘껏 개구쟁이 노릇을 하고 노는 아이들 같았다. 하나님이 하나밖에 없는 아들까지 십자가에 못 박혀 피 흘리게 하셔서, 하나님이 자기 피로 세운 그런 귀한 교회인 줄도 모르고 마냥 신이 났다. 선생님들이 가르쳐 주는 대로 예배를 드리며 찬송을 부르며 기도하고 말씀을 배우며, 연극도 하고 신나게 교회를 다녔고, 여름성경학교 때는 10여 명이 캄캄한 밤에 플래시를 들고 교회에 왔다 갔다 하는 것이 나는 너무 신이 났다.

하나님을 알지 못했지만 그냥 재미로 왔다 갔다 교회를 다녔다. 몰랐어도 나는 기쁘고 즐거웠다. 그런 나를 하나님도 엄청 기뻐하셨던 것 같다. "아버지는 종들에게 이르되 제일 좋은 옷을 내어다가 입히고 손에 가락지를 끼우고 발에 신을 신기라. 그리고 살진 송아지를 끌어다가 잡으라 우리가 먹고 즐기자 이 내 아들은 죽었다가 다시 살아났으며 내가 잃었다가 다시 얻었노라 하니 그들이 즐거워하더라"(눅15:22-24). 나의 질병에는 차도가 없었다. 그럼에도 나는 거기에 신경을 쓰지 않았다. 기도를 할 수 있다는 자체만으로 소망이고 행복이었다.

2장 부산에서의 생활이 시작되다

나는 우물 안 개구리였다

* * *

초등학교 졸업 후 집안일을 거들기 위해 산에 가서 나무도 하고 풀도 베며 지내던 어느 날, 같이 졸업한 동네 친구들이 교복을 입고 가방을 메고 중학교에 갔다 오는 것이 보였다. 나는 부모에게 한 마디도 물어보지 못하고 속으로 생각했다. 왜 초등학교를 마치면 중학교에 간다는 사실 자체도 몰랐지? 그때 나 자신이 느낀 것도 바보 같았다. 내가 아파서 어머니가 중학교에 보내지 않은 건가 생각하기도 하였다.

자식이 그런 것을 느꼈으니 아마 어머니는 자존심도 상하셨고 자녀들에게 미안한 생각을 하셨던 것 같다. 그러던 어느 날 어머님이 부산에 다녀오신다고 하셨다. 갔다 오시더니 당장 부산으로 이사 가자고 하셨다. 나는 부산이 어디 있는지도 몰랐다. 생전 큰 도시라고는 하동이 있고 하동보다 더 큰 진주가 있다는 이야기만 들었다. 그런데 아버지는 가시지 않겠다는 것이다. 사실 아버지는 연세도 많아서 부산에 가시면 친구도 없고 할 일이 없으시다. 그러자 어머니는 아버지를 시골에 혼자 두시고 자녀들 4명을 데리시고 무작정 부산으로 이사를 하셨다.

1966년, 아직 도시의 붐이 일어나기 이전이었다. 어떻게 이사를 했는지도 기억이 나지 않는다. 살 집을 구하지 못해 자갈치시장 근처의 충무동 이종사촌 누나의 이층집에서 하룻밤을 보냈는데 신기하기만 했다. 밤이 되어 건너편 영도와 용두산을 보았는데 당시에는 어느 곳인지 알지 못했지만 산꼭대기까지 휘황찬란한 불빛이 가득했다. 세상에, 이렇게 넓은 세상이 있다니…. 비교는 안 되겠지만 마치 엘리사의 종 게하시가 눈이 열려 하늘의 불말과 불병거를 봤을 때 이런 심정이 아니었을까? 나는 진짜 내가 촌놈이었다는 것을 느꼈고 그동안 너무나 좁은 우물 안 개구리처럼 살았다 하는 느낌을 받았다.

다음 날 어머니는 바로 옆에 진개장 판잣집(지금의 공동어시장)을 하나 얻었다. 공동 화장실에다가 작은 부엌이 달린 방에서 다섯 식구가 살면서 본격적인 부산생활이 시작됐다. 어머니는 무엇을 한들 굶어 죽겠느냐는 각오로 오셨기에 꼬막을 까서 다라에 담아 시장 한구석에서 파셨고 다라를 이고 다니며 "○○ 사세요" 하면서 팔기도 하셨다. 이것을 부산말로 '함팅이 장사'라고 하는데 단속이 심해서 이리 쫓기고 저리 쫓기시면서 무척 고생하셨다.

동생들은 어려서 초등학교에 다녔고 나는 졸업을 했으니까 무슨 일이든지 해서 어머니와 함께 가정을 꾸려가야만 했다. 어머니의 소개로 14살에 처음으로 직장생활을 했는데 세발자전거 중고를 사서 고치고 페인트칠을 해서 파는 곳이었다. 또 고무 다라도 만들어 팔았다. 나는 그곳에서 하루 50원, 한 달에 1,500원을 받고 일했다. 얼마동안 일하다가 다음에는 알루미늄 주전자에 모래를 떨어뜨려 맞춰서 조각하는 공장에 갔다. 그다음에는 돈도 빨리 벌고 취직을 위해 한 달짜리 속성 편물 학원에 갔다. 그러나 아무리 급해도 바늘허리에 실 매어 쓰지 못하는 법, 한 달짜리 학원 수업으로는 실이나 감아주는 보조 역할(시다) 정도밖에 되지 못했다.

그러다가 한번은 어머니가 함팅이를 이고 용두산 공원 아래 미화당백화점 뒷골목에서 떡 장사를 하시다가 전축을 만드는 공장을 보셨다. 어머니는 나를 그곳에 취직을 시켰으면 해서 여쭤보셨다. 공장장이 데리고 와 보라고 해서 내가 취직이 되었는데 그곳이 당시 가장 유명한 독수리표 문화전축 회사였다. 나는 그곳에서 열심히 해 3개월 만에 전축을 조립했다. 얼마 후에는 AS 기사로 일하다가 진해 경화동 경화전파사에서 1년 근무했고 부산 동광동에 와서는 삼화TV사에서 근무하였다.

신앙생활은 부산에 온 후 보수동의 조그마한 교회에 출석하였는데 어머니와 나만 교회에 다니다가 점차 가족이 다 출석하였다. 그러나 나는 직장이 직장인지라, 아침에 출근해서 근무하다가 예배시간이 되면 잠깐 교회 갔다 와서 근무하는 형태였다. 교회는 다녔지만 하나님, 예수님, 성령님이 누군지 알지 못하는 소경이었다. 그러다 보니 주일을 지켜야 한다는 믿음도 없었고 시골에서 교회 다니던 것의 연장선으로 형식적인 신앙생활을 하였으며 교회에 출석했다는 것으로 만족해했다.

예수님은 먼저 그의 나라와 그의 의를 구하라 하셨지만 나는 어머니와 내가 동생들을 가르치며 가정을 유지해나가야 한다는 사명이 더 컸었다. 처음부터 하나님은 나의 구세주가 아닌 마음의 위로였고 내 생명의 전부가 아닌 일부였고, 나는 알맹이고 그분은 나의 껍데기였다. 내 생명의 주인은 나였고 그분은 내가 필요로 할 때만 도와주는 분이었다. 나는 교인은 되었지만 그리스도의 영이 없으므로 그리스도의 사람은 아니었다. "육신에 있는 자들은 하나님을 기쁘시게 할 수 없느니라 만일 너희 속에 하나님의 영이 거하시면 너희가 육신에 있지 아니하고 영에 있나니 누구든지 그리스도의 영이 없으면 그리스도의 사람이 아니라"(롬8:8-9).

인생길 험하고 마음 지쳐

• • •

삼화TV사에서 근무할 때 나의 병세가 점점 더 악화됐다. 겉으로 보기에는 건장한 청년이었지만 속은 다 문드러져 나병 환자처럼 썩을 대로 썩어있었다. 누가 나의 그 힘든 마음을 알아주겠는가. 치료를 위해 나름대로 온갖 방법을 강구해보지 않은 것은 아니었다. 교회도 형식적이지만 나름대로 다니면서 기도도 하였다. 하나님이 계시는지 계시지 않는지 잘 모르지만, 하나님은 나의 질병에 관해서만은 무능력해 보였다. 나는 거의 매일 불안과 공포 속에서, 인생을 저주하면서, 비관하면서 살았고, 날마다 한숨으로 살았고 아무런 도움이 되지 않음에도 마음에 위로나 받고자 매일 신경안정제를 먹었다. 나는 누군가의 품에 안겨서 쉬고 싶었고 위로받고 싶었지만, 하늘 위에나 땅 위에나 그 어느 곳에서도 나를 품고 안아줄 자는 찾을 수가 없었다.

"오, 내 인생이 왜 이런고!"

가룟 유다처럼 차라리 나지 않았더라면 더 좋았을 것을…. 신앙생활을 한다면서도 목사님 설교할 때면 졸기 일쑤였고 하나님 말씀을 들어도 먹통이었고 그냥 교인이니까 교회 다니는 것이었지 무슨 기쁨이나 체험이 있어서 다닌 것은 아니었다. 목사님께서 천국은 눈물도, 사망도, 애통도, 곡하는 것도, 아픈 것도 없는 곳이라고 항상 기뻐하라고 말씀을 전하면 나는 '웃기고 계시네, 내 마음이 이렇게 어두운데 무슨 천국이야. 내 마음에 기쁨이 없고 이렇게 어두운데 어떻게 기뻐해. 말도 안 되는 말씀 하지 마세요' 하고 속으로 비웃었다.

> 천부여 의지 없어서 손들고 옵니다. 주 나를 박대하시면 나
> 어디 가리까.

하나님은 나를 박대하신 적이 없으시다. 그럼에도 워낙 힘이 드니까, '이 세상에 눈을 아무리 닦고 돌아보아도 나를 이해하고 도와줄 자가 없는데 하나님까지 나의 기도를 외면하시고, 나의 아픔을 외면하시고 박대하신다면 나는 어디 가서 위로를 받겠습니까?' 생각하며 찬송을 한풀이식으로 불렀다. 일하면서, 길가면서, 기도시간에 신세를 한탄하면서 통곡하듯 불렀다.

예수를 믿으면서도 하나님이 약속하신 축복은 하나도 누리지 못했다. "오호라 나는 곤고한 사람이로다 이 사망의 몸에서 누가 나를 건져내랴"(롬7:24). 곤고하고 사망의 몸에 갇힌 불쌍한 존재였다. 책도 철학책이나 읽었고 어떤 때는 인생을 비관하여 우리 집에서 대신동 공설운동장까지 1시간을 넘게 울면서 걸어가기가 한두 번이 아니었다. 태종대에 가면 자살바위가 있다. 하도 많은 사람들이 자살을 하니까 엄마가 아기를 안고 있는 동상을 세워놓은 것이다. 나도 인생비관을 하면서 자살바위를 찾아보기도 하였으나 극단적인 행동을 하는 데는 용기가 나지 않았다.

길을 가면서도 사람들이 웃기도 하고 장난도 치며 행복해하는 것을 볼 때면, 저 인간들은 무엇이 좋아서 웃고 다니는가 싶어 웃는 그 입에 손가락을 넣어 찢어버리고 싶은 마음이 드는 게 한두 번이 아니었다. 나의 마음은 암흑 그 자체로서 나에게는 좋은 것이 하나도 없었다. 그런데 삼화TV사에 근무하면서부터는 점점 더 심해져 갔다. 내 생명이 얼마 남지 않은 것 같았다. 하도 한숨을 많이 쉬니까 사장이 "너는 무엇이 염려스러워서 한숨을 그리 많이 쉬냐" 묻기도 하였다. 이 세상에 내 마음을 알아줄 자 어디 있단 말인가! 나는 매일 신경안정제를 사서 먹었다. 물론 아무 효험은 없다. 그럼에도 약을 먹었다는 마음의 위로를 얻기 위해서였다. 이렇게 나의 인생길은 험했고 지칠 대로 지쳐있었다.

여호와는 라파의 하나님이셨다

· · ·

질병이 점점 심각해져 감에 따라 나의 기도는 더욱 간절해졌다. 그래서 "하나님 내 질병을 고쳐만 주신다면 두 번째 생은 하나님께 드리겠습니다" 하고 기도하였다. 하루는 어머니가 '장미회'라는 기관을 소개해주셨다. 장미회란 미국에서 우리나라 간질환자들을 위해서 한 달에 한 번씩 약을 투여해주는 단체였다. 나는 혹시나 하여 가봤다. 나의 질병에 관한 이야기를 했더니 부산 영락교회 집사님이 운영하시는 신경정신과 병원을 소개해주었다. 의사 선생님은 검사하더니 "이 사진으로는 아무 이상이 없습니다. 대충 알아서 약을 지어줄 테니 이 약을 한번 먹어 보십시오. 그래도 만약 낫지 않는다면 뇌의 부분 부분을 확대해서 찍어야 하니 돈이 100만 원 정도 듭니다" 했다. 1970년대 초 당시의 나에게는 불가능이나 다름이 없었다.

그리하여 한 달 치인 460원을 주고 약을 사 왔다. 마음이 심란했다. 의사가 정확히 병명을 알고 약을 지어주어도 나을는지 모르는데, 대충 알아서 지어준 약이 얼마나 효과가 있겠는가. 약에 대한 기대는 할 수가 없었다.

그렇다면 이 약을 매개로 하나님이 간섭하셔서 치료해주실 수도 있다고 생각한 나는 간절히 기도했다. 물론 하나님이 그런 생각을 주신 줄 믿는다. "하나님 지금 하나님이 이 약을 통하여 역사해주시지 않으면 내 인생은 끝장입니다. 내 병을 치료해주신다면 제2의 인생을 하나님께 바치겠습니다." 간절히 기도했다. 더 이상의 어떤 방법이 없었기에 이만큼 간절히 기도를 드려본 적이 없다. 마치 물에 빠진 사람이 지푸라기라도 잡는 심정으로 약 한 알을 손에 쥐고 기도했다. "하나님 부디 이 약을 통하여 나를 치료해주셔요. 하나님, 나를 고쳐주세요." 간절히 기도한 후 약을 입에 넣었다.

그런데 그때 나의 머릿속에 "그러므로 내가 너희에게 말하노니 무엇이든지 기도하고 구하는 것은 받은 줄로 믿으라 그리하면 너희에게 그대로 되리라"(막11:24)라는 하나님 말씀이 떠올랐다. 기도하고 구하는 것은 그대로 믿으라, 그리하면 그대로 된다. 아멘. 그런데 이상하게도 그 말씀이 믿어졌다. 나는 나 자신을 향하여 "나는 나았다, 나는 나았다"라고 선포했다. 그리고 하나님께는 "내 병을 치료해주셔서 감사합니다, 감사합니다"라고 기도를 했으며 또한 가족들에게나 만나는 지인들에게 "나는 병을 치료받았다"라고 내 입으로 말하였다.

새벽기도에 나갔다. '정말 나았을까? 아니야, 기도하고 구하는 것은 받은 줄로 믿으라고 하셨어.' 마음에 불안과 초조함이 파도처럼 밀려들어 도저히 집에 있을 수가 없었다. 가만히 있으면 더 불안하고 초조하여 견딜 수가 없어서 떨쳐버리고 머리를 식힐 겸 용두산공원으로 갔다. 그런데 내 마음속에서 사탄의 소리가 들렸다.

'용현아, 10년 동안 온갖 방법을 다 썼는데도 치료받지 못한 병이

고작 약 한 알 먹었다고 낫겠느냐.'

"아닙니다, 주님. 기도하고 구한 것은 받은 줄로 믿으라 말씀했지 않으셨습니까. 저에게 믿음을 주세요. 저에게 믿음을 주셔요."

의심을 물리쳐달라고 간절히 기도했다. 그리고 "내 마음에 의심을 주는 사탄은 예수님 이름으로 떠나가라", "나는 나았다", "나는 나았습니다"라고 계속 선포하였다. 이제는 질병과의 싸움이 아니라 나 자신과의 싸움이었고 의심과의 싸움이었고 이성과의 싸움이었다. 길을 가면서도 "나는 나았다"고 선포하였고 "하나님 치료해주셔서 감사합니다. 내 마음에 의심을 주는 사탄은 예수님 이름으로 떠나갈 지어다"라고 명령하였다.

할렐루야! 10년 동안 혹독하게 시달려오던 질병에서 나는 완전히 해방을 받았다. 그 이후로 나에게 밤마다 나타나는 영적인 불이 다시는 나타나지 않았다. 밤마다 두려워하지 않아도 됐고 초조해 하지 않아도 됐다. '오늘도 무사히'라는 기도도 사라졌다. 더 이상 두려움의 밤이 아니라 평안과 안식의 밤이 되었다. 완전히 질병에서 해방되었다. 10년 동안 몸부림치는 나를 불쌍히 여기시사 아람 장군 나아만에게 들었던 나병을 치료하셨던 것처럼 여호와 라파 하나님은 나를 깨끗하게 치유해주셨다. '진리를 알 지니 진리가 너희를 자유케 하리라.'

드디어 영의 눈이 열리다

. . .

나는 영과 혼과 육신 삼중고의 질병을 앓고 있었다. 즉 전인치유가 필요한 사람이었다. 여호와 라파 하나님의 은혜로 밤마다 마귀에 의해 괴롭힘당하는 질병에서는 해방을 받았으나 마음속의 어둠은 그대로였다. 영적으로는 여전히 암흑에서 헤매고 있었다. 마음속은 여전히 비관적이었고 어둠 속을 헤매고 있었다. 치료해주시면 덤으로 받은 두 번째 생은 하나님께 드리겠다고 기도했던 대로 이제는 두 번째 생을 하나님께 드려야 했다. 그러나 아무것도 준비되어있지 않았다. 두 번째 생을 하나님께 드리겠다고는 했지만 내 몸을 헌금 바구니에 넣을 수도 없고 어떻게 드려야 하는지도 알지 못했다.

그런데 마침 최복규 목사님이 부산에 오셔서 5개 교회에 연속 5주 집회를 인도하셨다. 하나님이 이때를 위해 일을 쉬도록 하셨다 생각하고 은혜를 받기로 작정하였다. 교회에서 잠을 자면서 5주 동안 은혜를 받았다. 나는 이 집회에서 내 영이 치유받고 거듭나는 체험을 했다. 드디어 소경이 눈을 떴다. "맹인이 보며 못 걷는 사람이 걸으며 나병 환자가 깨끗함을 받으며 못 듣는 자가 들으며 죽은 자가 살아나며 가난한 자에게 복음이 전파된다 하라"(마11:5). 이 기쁨은 눈을 떠본 자만이 안다. 소경으로 있을 때는 아무리 눈에 보이는 세상을 말해도 '웃기고 있네' 하며 믿어지지 않았다. 그러나 눈이 열리니 누가 믿으라 하지 않아도 자연히 믿어졌다. 아니 세상에, 이런 세상도 있단 말인가!

　헬렌 켈러의 유일한 소망은 꼭 3일 동안만 눈을 떠보는 것이다. 헬렌 켈러는 바랐다. 눈을 뜨는 첫 순간 자신을 가르치고 키워준 앤 설리번 선생님의 인자한 얼굴을 간직하고 싶다. 친구들을 찾아가고 들로 산으로 산보를 나가 아름다운 석양을 보고 싶다. 큰 길가에 나가 출근하는 사람들의 얼굴과 가게에 진열된 아름다운 상품을 보고 싶다. 그리고 3일 동안만이라도 볼 수 있게 해 주신 하나님께 감사하겠다고 하였다. 비록 3일밖에 보지 못하는데도 하나님께 감사드리고자 했다면 이때까지 캄캄한 암흑 속에서 헤매던 내가 영적인 눈을 떴으니 얼마나 감사하겠는가.

　내가 은혜를 받고 제일 먼저 한 고백은 '아! 이게 천국이구나'였다. 나는 이때까지 목사님이 천국 이야기를 하거나 기뻐하라고 말씀하시면 내 마음이 이렇게 어둡고 비관적인데 무슨 천국, 무슨 기쁨이냐고 웃기는 말씀 말라고 하였다. 그러나 은혜를 받고 눈이 열리면서 마음의 어둠의 그림자가 걷히고 보니, 그렇게 살아야 하는 것이었구나 하고 깨달음이 왔다. 드디어 천국 맛을 본 것이다. 방언 은사도 받았는데 하늘에서 구름을 타고 있는 기분이었다.

　두 번째 고백은 '나는 이젠 주일 지키지 않는 직장은 가지 않겠다'였다. 누가 주일 지키라 해서가 아니라 하나님의 은혜를 받고 나니 이런 마음이 우러나왔다. 발끝부터 머리끝까지 찬송이요 기쁨이요 감격이었다. 이것이 천국이 아니던가. 하나님 감사합니다. "그러므로 우리가 이제부터는 어떤 사람도 육신을 따라 알지 아니하노라 비록 우리가 그리스도도 육신을 따라 알았으나 이제부터는 그같이 알지 아니하노라 그런즉 누구든지 그리스도 안에 있으면 새로운 피조물이라 이전 것은 지나갔으니 보라 새것이 되었도다"(고후5:16-17). 나는 더이상 이전 사람이 아니었다.

신앙의 광야 훈련을 하다

• • •

5주간의 집회를 통해 은혜를 받고 주일 지키는 직장을 다니기 위해 삼화TV사를 그만두고 버스를 두 번이나 타고 부산 감전동에 있는 성창합판에 취직을 했다. 그렇게 멀고 출퇴근길이 까다로움에도 성창합판에 들어간 이유는 회장이 장로님이었기 때문이다. 주일을 지킨다면 아무리 힘들어도 일하겠다는 각오였다. 원목을 옮기는 일을 했는데 너무 힘이 들어 한나절 일하고 코피가 쏟아졌다. 그럼에도 주일 지킨다는 생각에 힘든 줄도 모르고 일을 했다. 이때까지는 내가 노력해서 항상 기뻐하는 것인 줄 알았으나 성령께서 내 마음에 기쁨을 주신다는 사실도 알았다. "항상 기뻐하라 쉬지 말고 기도하라 범사에 감사하라 이는 그리스도 안에서 너희를 향하신 하나님의 뜻이니라"(살전5:16-18).

그런데 주일이 돌아왔는데 첫 번째와 세 번째 주일만 쉰다는 것이다. '나는 주일 하나 지키기 위해 이 회사에 왔는데 주일 못 지킨다면 그만두겠다'고 했더니 나만큼은 예외로 인정해줬다. 그러다가 원목을 종이처럼 깎아 합판에 붙이는 일을 하는 부서로 옮겨졌다. 일주일은 주간, 일주일은 야간이었다. 그곳에서도 역시 주일에도 출근해야 한다는 회유가 있었으나 나는 똑같이 반응했다. 그래서 나만큼은 항상 열외였다. 나는 그곳에서 원목을 들었다가 놓으면서 손가락이 절단되는 아픔을 경험했고, 내 눈앞에서 전기 220볼트 스파크가 일어나 눈에 화상을 입어 화기가 빠져나오기까지 근 한 달 동안 엄청난 고통을 겪었다. 그럼에도 감사하였다.

이제는 이전의 나의 모습이 아니었다. 이전에는 인생을 비관하고 죽지 못해 사는 인간이었다면 지금은 어떻게 해서라도 예수님을 전하고자 하는 마음으로 가득 채워져 있었다. 내 속에 들어오신 성령님께서 나를 이런 사람으로, 새로운 피조물로 만들어놓으셨다. 성창합판에 2년 동안 다니면서 한 가지 생각하는 것이 있었다. 부흥회 때 많은 사람들이 엄청난 은혜를 받는데 며칠 가지 못해서 왜 다 식어버릴까? 왜 받은 은혜를 유지하지 못할까? 곰곰이 생각하다가 대부분의 성도들이 은혜만 받고 성령 충만하여 좋아하다가 부흥회가 끝나면 그다음부터는 기도생활을 하지 않기 때문이라는 것을 깨달았다.

그래서 나는 매일 퇴근하면 교회로 달려갔다. 그리고 몇 시간씩 기도한 후에 집으로 갔다. 교회까지 가는 시간이 1시간, 교회에서 집까지 가려면 1시간이다. 저녁에 퇴근하고 교회 가서 기도 마치고 집에 가면 보통 밤 11~12시가 되었다. 야근할 때도 교회 가서 기도 마치고 집에 가면 오전 11~12시가 되었다. 기도가 잘될 때는 일찍 집으로 가지만 어떤 때는 피곤하여 잠을 자고 기도 흉내만 냈다. 기도가 잘되지 않아 씨름하다가 늦은 시간에 집에 도착할 때도 있었다. 그럴 때면 제대로 잠을 자지 못하고 출근했지만 그럼에도 감사하였다.

2년 동안 기도훈련을 톡톡히 받았다. 하나님께서 나를 성창합판에 취직을 시켜주신 것은 하나님이 쓰시는 그릇을 만들기 위하여 훈련 시키시는 광야 훈련이었다. "내 형제들아 너희가 여러 가지 시험을 당하거든 온전히 기쁘게 여기라 이는 너희 믿음의 시련이 인내를 만들어 내는 줄 너희가 앎이라 인내를 온전히 이루라 이는 너희로 온전하고 구비하여 조금도 부족함이 없게 하려 함이라"(약1:2-4).

주경야독, 쉬운 일이 아니었다

· · ·

그런 훈련과정을 거치면서 나에게 엄청난 변화가 생겼다. 그동안 설교시간에 졸기만 했던 내 영혼에 햇빛이 비치니 이제는 설교도 할 수 있겠다는 자신감까지 생겼다. "여호와 내 하나님이여 나를 생각하사 응답하시고 나의 눈을 밝히소서 두렵건대 내가 사망의 잠을 잘까 하오며"(시13:3). 나의 그런 모습을 보고 계셨던 목사님은 부산 고등성경학교에 가보지 않겠느냐고 물었다. 나는 되지도 않은 주제에 빨리 목회자가 되고 싶은 마음에서 3학년 과정인데 2학년에 편입을 하도록 해달라고 했다. 가정도 꾸려가야 했으므로 야간반에 편입하게 되었다.

부산 고등성경학교는 초량교회를 빌려 사용했는데 연세가 많으신 임병길 교장 목사님을 통하여 신구약 66권을 배웠다. 얼마나 하나님 말씀을 잘 가르쳐주셨는지, 1학년부터 입학했더라면 신구약 성경을 하나도 빼놓지 않고 다 배울 수 있었을 텐데 하고 후회를 하였다. 학교생활은 재미있었다. 그런데 문제는 영어였다. 초등학교 졸업 후에 직장생활만 하고 한 번도 공부를 해본 적이 없었기에 ABCD도 제대로 몰랐다. 그래서 영어공부를 할 때는 영어단어 밑에 영어발음 기호와 한글로 토를 달아서 마치 할머니들 한글 공부하는 것처럼 했지만 따라가기가 쉽지 않았다.

그러는 가운데 낮에는 직장생활을 했다. 집 근처의 라이터 만드는 공장에서 일을 했다. 보통 오후 6시에 퇴근을 했고 야근도 있었다. 야근은 밤 10시까지 했다. 그런데 나는 학교에 다녀야 했기에 월급은 적게 받더라도 오후 5시에 퇴근하는 조건으로 직장생활을 허락받았다. 그런데 그 일이 쉬운 일이 아니었다. 라이터 케이스에 광택을 내는 일인데 일명 '빠우'라고 한다. 광택을 낸 후에 도금하는 과정을 거쳤다. 얼마나 먼지가 많이 나는지 모른다. 마스크를 이중 삼중으로 하고, 특수 마스크까지 써도 목과 코 내부와 코 주변이 시커멓다. 가래를 뱉으면 시커먼 가래가 나왔다. 그곳에서 근무할 때 폐결핵을 진단받아 6개월 동안 약을 먹기도 했다.

그러니까 어지간히 씻어도 제대로 씻겨지지 않았다. 학교에 가서 공부할 때도 시간이 촉박하여 제대로 씻겨지지 않아서 목과 코 주위가 시커먼 상태로 학교로 갔기에 학우들 앞에서 많이 민망했다. 한번은 버스를 타고 내리면서 학생 표를 주었는데 차장이 얼굴을 보고 학생증을 보자고 해서 보여주었다. 차장이 운전사하고 무어라 이야기하더니 "저런 게 학생이라구?" 했다. 그 소리를 듣고 자존심이 상했지만 참았다.

그러는 중에 방학을 맞게 되었다. 반장이 류광수 전도사(현재 다락방원장)였는데 영어를 잘했다. 방학 기간에 자기가 영어를 중학교 1~3학년 과정을 가르쳐주고 싶은데 영어 공부하길 원하는 사람은 신청하라고 했다. 나는 즉시 신청했고 약 3개월 동안 영어공부를 했다. 그러나 나는 영어 기초가 아예 없는지라 복습과 예습을 하지 않으면 따라갈 수가 없었다. 게다가 낮에는 직장 일을 해야 했기에 시간이 부족하였다. 그래서 어떻게 할까 연구하다가 학교 갔다 오면 밤 10시가 되었는데 새벽 1~2시까지 오늘 배운 영어를 복습하였다. 그리고 내일 공부할 영어단어나 외울 내용들을 다 메모장에 정리하였다.

그리고 작업현장에 메모장을 가지고 가서 의자에 신문을 깔고 그 아래에는 암기할 메모장을 넣고 외울 부분만 앞으로 보이게 하여 외우면서 작업을 하였다. 쉬는 시간을 통하여 메모장을 뒤집었고 메모장을 교체할 때는 화장실에 가서 교체하였다. 그리하여 3개월 만에 중1~3학년 과정의 영어를 다 마스터했다. 어떻게 가능했을까. 하나님이 영어를 할 기회도 주셨고 중학교 과정 3년을 통해 배우는 영어를 3개월 만에 마스터할 수 있었던 것은 하나님이 나를 들어 쓰시기 위하여 환경을 주시고 힘을 주시고 지혜를 주셨기 때문이다. "내게 능력 주시는 자 안에서 내가 모든 것을 할 수 있느니라"(빌4:13).

마리아상, 십계명은 폼인가요?

· · ·

나는 성경학교에서 공부하면서 더 자유로운 시간을 갖기 위해 장사를 했다. 처음에는 리어카로 사과장사, 밀감장사를 했지만 경험이 없었다. 마지막에는 하품(下品)만 남아 싸게 팔다 보니 거의 본전치기였다. 그러다가 고물장사를 시작했다. "고물 사려, 고물 사려." 처음에는 부끄러워서 '고물 삽니다'라는 소리가 나오지 않았다. 그러나 용기를 내어 "고물 삽니다, 고물 삽니다"를 외치며 리어카를 끌고 다녔다. 그러다가 가끔 교회 앞을 지날 때는 모자를 푹 뒤집어쓰고 외쳤다.

시간이 지날수록 점점 자신감이 생겨났다. 어떤 분들은 젊은 양반이 고물장사를 하는 것이 안타까웠는지 박스를 모아두었다가 주곤했다. 그러다가 고물장사 하시는 분들이 모인 곳에 갔는데 어떤 노인은 나를 보더니 "아니 고물장사는 고물인간이나 하는 것인데 젊은 양반이 무슨 할 짓이 없어 고물장사를 하는가?" 하며 비꼬기도 하였다. 고물 장사도 쉬운 일이 아니었다.

세상에 쉬운 일이란 없다. 종이류, 박스, 빈 병 같은 것은 가격이 뻔하니까 다 계산에 나와 있다. 그러나 그것도 돈을 주고 사 가지고 와서 팔면 남는 것이 없다. 그런데 고물장사란 박스나 빈 병만 하는 것이 아니었다. 어떤 때는 냉장고, 전축, 가전제품뿐만 아니라 폐업을 하는 공장의 자재들까지 처리해야 할 때가 있다는 것도 알았다. 그러나 나는 가격도 모를 뿐만 아니라 그것을 살 돈도 없었으며 어디에 팔아야 하는지도 몰라서 포기한 적도 있다.

대부분의 실패는 물건을 살 때 생겼다. 고물값으로 사야 하는데 마음이 아직 세상에 물들지 않고 순진했던 나는 조금 싼 값에 상품으로 사 가지고 왔다. 그걸 고물값으로 팔아야 하니 남는 것이 없는 게 당연했다. 이 모든 것이 경험부족이었다. 고물장사를 하면서 느끼는 것은 고물 같은 나를 하나님은 예수님의 피로 사셔서 하나님의 자녀로 만들어주셨다는 사실이었다. 이보다 더 큰 축복이 어디 있겠는가.

이렇게 국제시장, 보수동, 남포동, 자갈치시장, 충무동, 아미동, 남부민동을 헤매면서 고물장사를 하고 있을 때 담임목사님은 대한예수교기독교장로회 측이었는데 신·구교 일치 운동을 한답시고 정신이 없으셨다.

어느 날 교회에 기도하러 갔는데 교회 뒷좌석 왼편에 탁자가 있고 위에 커튼을 쳐둔 것이 보였다. 무엇인가 하고 자세히 봤더니 마리아 상이 강대상을 보고 기도하는 자세로 세워져 있었다. 기분이 이상했다. 주일날 목사님은 마리아상이 기도해준다는 말씀까지 하셨다. 처음에는 목사님의 '우상이 아니라'는 말에 별다른 항의도 하지 못했다. 그런데 성경학교를 다니다 보니 점점 그 마리아상이 우상이라는 확신이 들었다. 그래서 출애굽기 20장을 읽었다. "너는 나 외에는 다른 신들을 네게 두지 말라. 너를 위하여 새긴 우상을 만들지 말고 또 위로 하늘에 있는 것이나 아래로 땅에 있는 것이나 땅 아래 물 속에 있는 것의 어떤 형상도 만들지 말며 그것들에게 절하지 말며 그것들을 섬기지 말라"(출20:3-5).

읽고 또 읽었다. 20번 정도 읽었다. 반복해서 읽고 또 기도하면서 하나님께 물었다. "주님, 목사님은 마리아상이 우상이 아니라고 말씀하시는데 정말로 저 마리아상이 우상이 아닙니까?" 마리아상이 우상이라는 확신을 떨칠 수가 없었다. 그러면서 한편으로는 목사님이 나를 성경학교에 입학시켜주셨는데 조금 안다고 목사님을 배신하려는 생각이 나를 갈등하도록 만들었다. 그럼에도 이대로 있다가는 내 영혼이 망한다는 생각을 했다. 내 영혼이 살기 위해 교회에 다니는데 내 영혼이 망한다면 무슨 소용이 있겠는가?

하루는 목사님께 이야기도 하지 않고 마리아상을 교회의 바깥 처마의 물이 떨어지는 곳에 눕혀놓고 가마니로 덮어버렸다. 하루가 지나도 말씀이 없었다. 며칠이 지나도 말씀이 없으시면 리어카에 실어 자갈치시장 앞바다에 갖다 버릴 생각이었다. 그런데 주일날 아침에 목사님이 주워 오시더니 "누가 이랬어, 이거 얼마나 값진 것인데 누가 훔쳐 갈려고 여기에 갖다 두었구나!" 하셨다. 그리고 마리아상을 씻기 위해 사택으로 가지고 올라가셨다. 나는 교회를 옮길 생각까지 하고 있었기에 "목사님 제가 그랬어요"라고 말했다. 그러자 목사님이 말씀하셨다. "어! 자네가?" 마음이 아팠지만 나는 살고 싶었다.

1인 3역의 생활을 하다

． ． ．

성경학교를 졸업한 후 나는 야간신학교에 다녔는데 징집 영장이 나왔다. 나는 호적상 나이가 3년 늦기에 3살 어린 동생들과 근무를 해야 했고, 가정경제를 이끌어가야 했기에 가능한 한 빨리 군대생활을 마치고자 방위로 가기 위해 기도하였다. 그 결과, 버스로 1시간 30분 거리에 있는 부산 장림동에서 근무를 하게 되었다. 나는 마리아상 사건 이후에 집 근처의 교회로 옮겼는데 그 교회에서 사례비를 만 원으로 책정하여 교육전도사로 시무케 해주셨다. 마침 그때 군대생활도 하게 되었다. 군대생활이 24시간을 근무하고 48시간은 쉬었기 때문에 가정경제를 해결하기 위하여 무슨 일이든지 해야만 했다. 그러니까 전도사 역할, 가정경제를 위한 직장생활, 국방의 의무, 1인 3역을 해야만 하는 바쁜 세상을 살아야만 했다.

그 교회 장로님이 구화학교 교장이셨다. 말을 하지 못하는 사람들이 의사소통하기 위해서는 보통은 수화를 공부하는데 구화학교란 좀 서툴더라도 입으로 말을 하도록 교육하는 학교였다. 구화를 하면 고등교육도 가능해지기 때문이다. 그런데 어느 날 장로님이 자기 학교 서무과에 와서 근무해달라고 하셨다. 나는 그리하겠다고 하여 대연동에 있는 구화학교를 찾아갔다. 그리고 공무원 이력서 서식에다가 이력서를 썼다. 그런데 국가에서 인정하는 학력은 초등학교 졸업뿐이었다. 교육전도사가 장로님 앞에서 얼굴도 들 수 없을 정도로 많이 창피했다. 장로님도 아무 내색은 하시지 않았지만, 마음은 좀 안타까워하셨을 것이라 생각한다.

군대생활을 마칠 때까지 서무과에서 근무했는데 나는 이때까지 직장생활, 장사만 하였기에 글씨도 잘 쓸 줄도 모르고 서류도 한 번도 구경해본 적이 없으니 어떻게 무슨 일을 해야 하는지 막막했다. 그래서 서류를 만들다가 찢고 또 찢어가면서 나름대로 마음고생이 심했다. 그럼에도 근무를 해야만 했다. 이런 과정을 통하여 하나님은 서서히 나에게 공부의 필요성을 일깨워주고 계셨다.

군대생활은 낮에는 훈련, 밤에는 초소에서 보초를 서는 일이다. 몇 명씩 조를 짜서 바다를 지켰다. 당시 다대포 바다를 통하여 간첩이 들어오다가 체포된 적도 있다. 우리 자신에게도, 건강에도, 신앙생활에도 우리가 조금만 깨어있지 아니하면 언제 어느 틈을 타서 사탄이라는 간첩이 들어올지 모르기 때문에 늘 깨어있어야 한다. "근신

하라 깨어라 너희 대적 마귀가 우는 사자같이 두루 다니며 삼킬 자를 찾나니 너희는 믿음을 굳게 하여 그를 대적하라"(벧전5:8-9). "분을 내어도 죄를 짓지 말며 해가 지도록 분을 품지 말며 마귀에게 틈을 주지 말라"(엡4:26-27).

1인 3역의 생활 가운데서 가장 힘든 점은, 군대에서 아침에 후임자와 교대 후 아침도 거르고 구화학교까지 갔을 때 오전 10시가 된다는 것이었다. 구화학교에서 오전 10시부터 근무하는 셈이 된다. 군대생활을 하며 나는 철저하게 퇴근 준비를 하고 수칙을 암기하고 준비했지만 무슨 일이라도 생기면 오전 9시, 9시 30분에 퇴근을 했다. 그러면 나는 마음이 조급해진다. 구화학교에 가면 오전 11시나 11시 30분이 되는 게 보통이었다. 오전이 거의 다 돼서 근무하러 나타났기에 나는 많이 미안했지만 그럼에도 근무를 할 수 있도록 해주신 장로님께 감사를 드린다.

밤새 근무하느라 잠도 자지 못하고 아침밥도 거르면서 차를 몇 번 갈아타며 출근했다. 그도 하루는 군대생활로 출근을 하지 못하고 하루는 반나절 근무만 했다. 하루만 온전한 근무를 할 수 있었음에도 교장 장로님이 일을 할 수 있도록 해주셨다. 군대생활 동안 미약하나마 가정경제를 꾸려갈 수 있도록 해주신 하나님과 교장 장로님께 다시한 번 감사드린다.

28세에 고입, 대입, 검정고시에 합격하다

• • •

구화학교에 근무하면서 이력서에 초등학교 졸업과 서류 만드는데 많은 어려움을 겪으면서 공부를 해야 한다는 필요성을 절실히 느끼게 되었다. 그 과정도 하나님이 인도하셨다. 그리고 거기서 근무하면서 검정고시 학원도 있다는 것을 알게 되었다. 그리하여 군대를 제대하자마자 26살에 검정고시 학원에 입학하였다. 그러나 학원에서 공부하는 것에만 전적으로 매달릴 수가 없었다. 가정경제뿐 아니라 학원비도 내어야 했기 때문에 또다시 라이터 공장에 입사하여 낮에는 직장생활, 밤에는 검정고시 학원, 주경야독하며 검정고시로 출발하였다.

중학교 졸업 검정고시부터 시험을 치러야 했다. 그해 9월에 학원에 입학하여 다음 해 4월에 시험을 치렀는데 하나님의 은혜로 시험에 합격했다. 검정고시는 1년에 두 번, 4월과 8월에 있었는데 다시 내년 4월을 목표로 하여 고등학교 졸업 검정고시를 치르기 위해 등록하고 준비했다. 학생 대부분이 10대 후반, 20대 초반 어린 사람들이었다. 그러나 공부하고자 하는 나의 열정은 그들 못지않았다. 그럼에도 고등학교 졸업 검정고시를 준비하는 것은 그리 쉬운 일이 아니었다. 중학교 때와는 비교가 안 될 정도로 양도 많고 많이 어려웠다. 국어도 그랬지만 특히 수학과 영어는 정말로 많이 어려웠다.

그래서 이전에 성경학교에서 중학교 영어과정을 집에 와서 복습하고 내일 공부할 영어단어를 메모장에 기록하여 일하는 의자에 신문을 깔고 그 아래에 메모장을 넣고 외워가면서 일을 했던 것처럼 고등학교 졸업 검정고시도 그렇게 하면 되겠다 하고 그 방식으로 공부하였다. 성경학교 때는 단순히 영어 한 과목만 하면 됐지만, 고등학교 졸업 검정고시는 수학, 영어, 국어만 해도 정신이 없는데 그 외의 과목들도 얼마나 많은가. 공민학교를 마친 학생들은 네 과목만 하면 됐지만, 일반인은 열 과목인지 열두 과목인지 잘 기억이 나지 않지만 훨씬 많았고 내용도 참으로 어려웠다.

4월에 준비를 시작하여 다음 해 4월에 고등학교 졸업 검정고시 시험을 치렀는데 영어와 수학에서 아쉬운 점수로 떨어졌다. 8월에 합격하지 못하면 다시 내년 4월로 넘어가야 한다. 그런데 전체 시험을 치를 때는 평균이 60점이면 되지만 개별 과목일 때에는 과목당 60점이 넘어야 한다. 그래서 나는 직장도 포기하고 8월까지 영어와 수학 두 과목 공부에만 집중했다. 학원에 살다시피 하였다. 합격은 했으나 학원 원장님에게 얼마의 학원비를 내지 못한 게 부담이 되어 미안할 뿐이다. 그리고 어느 정도 봐주신 원장님에게 마음으로나마 감사를 드린다. 하나님의 크신 갚으심이 있기를 기도할 뿐이다.

정말로 기뻤던 일은 1979년 8월 합격을 발표하는 날이었는데 차마 불안하고 떨려서 발표현장에 갈 수가 없었다. 그래서 멀찍이서 기도만 하고 있는데 같이 공부했던 사람이 왔기에 가서 내 것도 보고 오라고 했더니 자기는 떨어지고 나는 합격했다는 것이다. 나는 너무 기뻐서 가서 눈으로 직접 확인하고 '할렐루야' 감격의 기쁨을 누렸다.

나는 학력고사를 치렀고 1980년도에 통합 측 신학교인 부산신학교(당시 영남신학교)에 합격하였고 또한 가까운 은성교회 아동부 교육 전도사로 시무하게 되면서 드디어 본격적인 목회자의 길이 시작되었다. 그해에 둘째 동생이 부산공고를 졸업하였다. 동생이 취직하면 나는 좀 자유롭게 목회의 길을 걸을 수 있을 것 같았다. 그래서 동생의 취직을 위해 기도했다.

그런데 동생이 김해 대한항공에 원서를 넣고 학교에서 색각이상 판정을 받았다 한다. 어떡하나? 분명히 무슨 길은 있을 텐데…. 기도하면서 병원마다 물어보았으나 방법이 없었다. 그러다가 고물장사를 할 때를 떠올리며 우연히 중고서적을 들르게 되었다. 거기서 색각이상 판별하는 책을 발견했다. '그렇다, 이 책으로 연습하면 되겠다!' 바로 그 책을 사 가지고 와서 열심히 습득하였다. 어떻게 되었는지는 몰라도 동생은 하나님의 은혜로 합격하였다.

나는 마음이 여유로워진 가운데 하나님께서 나를 고쳐주시면 두 번째 생명을 하나님에게 바치겠다는 그 헌신의 약속을 이행하는 첫발을 디디게 되었다. 여기까지 오면서 모든 사건 사건이 하나님의 손길과 섭리 속에 이루어진 것이다. 내가 한 것이 아니라 하나님이 하신 일이다. 오직 하나님께 감사드릴 뿐이다.

3장 둘이 한몸 되어 살아가는 삶

내 인생의 동반자를 만나다

• • •

내가 어머니와 같이 가정을 꾸려가다가 둘째 동생이 대한항공에 취직하면서부터 나의 마음에 여유가 찾아왔다. 이제 겨우 한숨을 돌릴 수가 있었다. 그렇게 정신이 없이 분주하게 살던 나의 삶도 어느 정도 평온을 찾았고 교회도 정상적인 아동부전도사 일을 하게 되었다. 정신이 들고 보니 29세였다.

이제야 결혼할 나이가 되었다는 것을 알았다. 연초에 목사님이 기도제목을 써내어 달라는 광고를 하셨다. 나는 결혼 문제를 기록하여 드렸다. 그런데 아동부 부감집사님이 여름성경학교 봉사를 전라남도 담양에 가신다고 하였다. 갔다 오시더니 좋은 아가씨가 있는데 한번 보라고 하였다. 나는 한번 만나보겠다고 했다. 그래서 집사님과 함께 1980년 12월 21일 부산에서 떠나 고속버스로 광주에 도착했다. 터미널 근처 다방에서 조금 기다리니 두 여자 청년이 들어왔고 집사님이 아가씨를 소개했다.

집사님의 배려로 두 사람이 광주신학교 거리 산책을 하였고 대화를 나누다가 돌아왔다. 그리고 집에 왔는데 집사님은 저쪽에서도 좋다고 하는데 어떠냐고 다그쳐 물었다. 생각할 여유도 주지 않았다. 얼마 후 결정을 내리고 편지를 몇 번 교환 후 빨리 결혼을 해야겠다는 생각에 1981년 2월 혼자 광주에 갔다. 날씨는 눈이 내려 아직 추운데 사랑하는 님을 찾아 담양의 깊은 산골 방앗간 집을 찾아갔었다. 결혼 날짜를 잡기 위해서였다. 이런저런 이야기를 장모 되실 분과 딸과 함께 나누다가 잠을 자라고 해서 이불 밑에 들어가서 잠을 자게 되었다. 나중에 들은 이야기지만 아내 될 사람은 내 양말을 빨아 밤새도록 말리느라고 혼이 났다 한다.

그런 줄도 모르고 다음 날 아침 일어나니 아내 될 대박이 출석하는 주평교회에서 목회하시는 장로님이 오셨고 장인 되실 분이 불러서 인사를 나눴다. 다음 날 아침에 부산으로 돌아가기 위해 집 앞에서 버스를 타려고 섰는데 다른 사람은 보이지 않고 내 눈에는 아내 될 대박만 보였다. 낡은 신발에다가 바지를 입고 나왔는데 길바닥은 눈이 와서 좀 녹았기에 질퍽했다. 그런데 속담에 "아내가 사랑스러우면 처갓집 쇠말뚝을 보고도 절한다"는 말이 있듯이 흙탕물이 신발과 옷에 튀겼는데도 그 모습이 너무 아름답게 보였다.

나는 집으로 돌아와서 가까운 날짜에 공휴일이 없었기에 처음 만난 지 3개월째 되는 1981년 3월 3일 화요일에 결혼하자고 편지를 올렸다. 그런데 얼마 후에 하나님은 전두환 대통령의 취임식을 그날로 만드셔서 하나님의 은혜로 그날이 공휴일이 되는 축복을 받게 되었다. 나는 1981년에 울산중앙교회에서 시무했기 때문에 어디서 결혼식을 할까 하다가 어머니가 권사로 계시고 내가 교육전도사로 있었던 부산 은성교회에서 결혼식을 치르기로 하고 전남 담양에 버스를 보내드리기로 했다.

드디어 대박 아내와 결혼을 하다

. . .

드디어 1981년 3월 3일 결혼일이 다가왔다. 아내 될 사람은 하루 전에 집사님 집에 왔다. 나는 처음 하는 결혼이라 어떻게 해야 할지를 몰랐다. 부산 은성교회, 울산중앙교회, 담양 주평교회, 신학교 학생 친구 등 많은 축하객 속에서 결혼식을 치렀다. 결혼식을 끝내고 아내는 자기를 두고 떠나가는 부모와 친구 교우들로 인하여 우느라 정신이 없었다. 나는 신혼여행 계획을 세우지 못했다. 결혼식 후에야 어디로 갈까 망설이다가 해운대로 가기로 했다. 호텔에서 친구들과 차 한잔을 나눴고 친구들이 떠난 후 둘만의 시간이 되었다. 동백섬을 한 바퀴 돌고 호텔에 와서 예배를 드리고 장래를 이야기하며 서로 호칭도 '여보'로 부르기로 하고 첫날밤을 지냈다.

다음 날 나는 아내와 처갓집을 향하여 버스에 올랐다. 인사를 드리고 수요예배를 드렸는데 경상도 사람인 내가 전라도 말을 알아듣지 못해 아내의 통역이 필요할 때가 많았다. 나름대로 신혼여행을 마치고 토요일에 완행열차를 타고 울산중앙교회로 갔다. 주일날 예배 때 인사드리고 그때부터 1년여 동안 토요일에 부산에서 출발하여 토요일은 학생부, 주일은 아동부를 인도하고 월요일은 부산행 완행열차를 타고 집으로 오는 진짜 신혼여행을 했다. 월요일에 집으로 오는 날이면 시간적 여유가 있었기에 울산에서 부산까지 이어지는 모든 해수욕장마다 들러 해수욕을 하며 멋진 신혼여행 1년을 꿈같이 보냈다.

그런데 부산 남부민2동 우리 집은 14평이지만 길쭉했던 너무나 초라한 집이었다. 들어가는 길에서 계단을 내려오면 오른쪽에 화장실이 있고 왼쪽으로는 부엌이 있었다. 부엌을 지나면 방이 하나 있었는데 여기서 다섯 식구가 살았다. 신혼집이 없어서 방 뒤에 작은 방 하나를 더 만들어 신혼방을 꾸몄다. 신혼방에 들어가려면 부엌과 큰 방을 거쳐 들어가야 했으니 많이 불편했다. 그렇게 만든 방이다 보니 냉장고는커녕 장롱만 겨우 맞춤으로 해서 들여놓았다. 그러한 집에서 살면서도 불평 한번 없이 인내하며 살아준 대박 아내에게 감사할 뿐이다.

그러나 사랑의 약발이 18개월을 간다고 하였던가. 결혼생활이 처음에는 구름을 타고 날아다니는 기분이었지만 시간이 흘러 약발이 떨어지면서 갈수록 순탄치만은 않았다. 결혼은 네 사람이 한다는 말처럼 내 속에서 나도 잘 몰랐던 '다른 나'가 나타나기 시작하였고. 아내 속에서도 아내가 잘 몰랐던 '다른 아내'가 나타나기 시작하였다. 부부생활을 어떻게 하는 것인지 한 번도 배운 적이 없었기에 부부가 어떻게 살아가야 하는지 몰랐고 본능에 충실하였다. 남자가 어떤 존재며 여자가 어떤 존재인지를 몰랐다. 남자는 화성에서 오고 여자는 금성에서 왔다는 특성을 알지 못하고 왜 화성에서처럼 살지 않느냐고, 다른 줄은 모르고 틀렸다고 몰아붙였으며 내 생각대로 내 방법대로 살지 않는다고 다투기 일쑤였다.

한번은 화가 많이 나서 아내에게 폭력을 행사했다. 그런데 갑자기 내 머릿속에 생각이 떠올랐다. '아! 이것은 아버지가 어머니에게 사용하던 방법인데….' 내가 그렇게 싫어하던 아버지의 방법을 따라가고 있는 것을 발견했다. 다시는 아버지의 그런 모습을 따라가지 않겠다는 결심을 했다. 대신 주체할 수 없는 분노가 쌓이면 어떤 때는 고함으로 아내를 잠재우려고 했고 그래도 안 되면 일부러 집을 나갔다. 집을 나가서는 정신 나간 사람처럼 이리저리 방황하다가 돌아오곤 하였다.

처음은 아내가 틀렸다고, 왜 나를 따라오지 않느냐고, 왜 잘못했다고 하지 않느냐고 몰아붙였다. 그러나 점점 시간이 흘러가면서 아버지가 술을 잡수시고 행패를 부리실 때 내 속에 눌려있었던 분노가 많이 쌓여있다는 것을 깨달았다. 분노는 이슬처럼 조금씩 쌓이다가 가득 쌓이게 되면 분출되어야 하는데 분출이 되지 못하면 신경이 예민해져서 아무것도 아닌 것에 시비를 걸고 신경질을 냈다. 그러다가 부부싸움으로 분노가 표출되고 나면 소나기가 내리면 맑아지듯이 마음에 평안이 온다.

"내가 원하는 바 선은 행하지 아니하고 도리어 원하지 아니하는 바 악을 행하는도다"(롬7:19). 아무리 내가 의식적으로 분노하지 않으려 해도 마치 물이 끓으면 저절로 수증기가 나오는 것처럼 내 속에 가득 찬 분노는 내 의식으로 조절할 수 없다. 이렇게 내 속에 내가 알지 못하는 분노가 많이 있다는 것을 깨달은 날부터 분노가 분출되려 하면 다른 사람에게 피해를 주지 않기 위해 집을 나와서 지하철역이

나 온 동네를 배회하면서 안정을 찾기에 노력하였다. 이 사실을 깨달은 후부터 치유받기 위해 몸부림치는 나날들이 시작되었다.

기다리고 기다리던 선물을 받다

. . .

나는 부산에서 울산중앙교회로 부임하였는데 거기서 1년 있는 동안 너무나 큰 아픔을 경험했다. 노회 전권위원회에 걸려있는 교회로서 목사와 장로 간의 마찰이 그치지 않았다. 결국 그 교회는 분립되었지만 목회 초기 신학생으로서 그 경험은 너무나 고통스러웠다. "예루살렘아 예루살렘아 선지자들을 죽이고 네게 파송된 자들을 돌로 치는 자여 암탉이 제 새끼를 날개 아래에 모음 같이 내가 너희의 자녀를 모으려 한 일이 몇 번이냐 그러나 너희가 원하지 아니하였도다"(눅 13:34). 주일 낮 예배를 사회하면서 예수님의 심정이 생각이 나서 눈물을 쏟기까지 하였다.

나는 이 교회에서 섬길 때 결혼을 했다. 겨울이면 연탄을 피우느라 애를 먹어야 했는데 사찰집사님이 토요일마다 미리 연탄을 넣어 방을 따뜻하게 해주었고 또 정성을 다해줘서 감사했다.

이후 부산진교회 아동부전도사로 시무하였는데 울산중앙교회의 안타까운 소식을 듣게 되었다. 아동부가 여름성경학교 수련회에 갔는데 사찰집사님이 며칠 전부터 혹시 물에 빠지는 자가 있으면 건지겠다고 만반의 준비를 했다고 한다. 그런데 그날 아이들이 물놀이를 하다가 몇 명이 소용돌이 속에 빠진 것이다. 친구들, 선생님, 사찰집사님까지 들어갔지만 서로 엉키어 아이들 2명과 사찰집사님이 목숨을 잃었다고 한다. 이 소식을 듣고 마음이 무척 아팠다. 익사한 아이들의 부모는 처음에는 힘들어했으나 자기들이 신앙생활을 하지 못해서 하나님이 그런 아픔을 허락하신 것 같다고 교회에 출석하여 신앙생활을 했다고 한다.

결혼한 지 1년이 되었다. 그러나 아직 임신소식이 없었다. 마음이 불안했다. 1년밖에 되지 않았는데도 그러한데 하물며 7~8년, 일평생 아기를 갖지 못한 사람들은 어떠하였을까. 결혼만 하면 아기가 생기는 줄로 알았는데….

결국 병원에 찾아갔다. 거기서 충격적인 이야기를 들었다. 한 아주머니는 결혼 후에 아이가 없어서 남편과 짜고 시어머니에게 아이를 가진 것으로 보고하였다. 그리고 배를 천으로 휘감아서 정말 임신한 것처럼 꾸미고 다녔다. 그런데 아기를 낳을 달이 다 돼 초조하여 병원에 왔다는 것이다. 그분의 이야기를 들으면서 아기를 낳지 못하는 사람들의 마음을 조금이나마 알게 되었다.

얼마 후에 드디어 아기를 임신했다는 소식을 들었다. 나도 아빠가 되는 건가. 임신이 되었다는 소식을 들었을 때 믿어지지 않았다. 신기하기만 했다. 그리고 하나님께 감사기도를 드렸다. "하나님, 귀한 선물 주셔서 감사합니다. 아내 뱃속에서 건강하게 잘 자라서 태어나게 해주세요."

1983년 2월 25일 밤, 아내에게 진통이 왔다. 해운대 친구 목사님 사모님이 산파를 했기에 택시를 불러 달려갔다. 4~5시간의 진통 끝에 드디어 응애 하는 소리가 들렸다. 휴. 한숨을 쉬었다. 하나님 감사합니다. 아이가 태어났다. 나는 아이 이름을 기도하는 가운데 '은선'이라고 짓기로 했다. 은혜를 베풀고 살아가는 사람이 되라고 지은 이름이다.

드디어 아빠가 되었다. 아빠가 되고 엄마가 된다는 것이 얼마나 큰 축복인가. 결혼하자마자 아기를 갖는 부부들은 그 마음을 잘 알 수 없다. 이제야 사라의 마음, 한나의 마음이 읽어진다. 한나의 기도 소리가 내 귀에 쟁쟁하게 들리는 것 같다. "한나가 기도하여 이르되 내 마음이 여호와로 말미암아 즐거워하며 내 뿔이 여호와로 말미암아 높아졌으며 내 입이 내 원수들을 향하여 크게 열렸으니 이는 내가 주의 구원으로 말미암아 기뻐함이니이다 여호와와 같이 거룩하신 이가 없으시니 이는 주 밖에 다른 이가 없고 우리 하나님 같은 반석도 없으심이니이다"(삼상2:1-2).

4장 임마누엘교회를 개척하다

시냇물, 강물, 강물에서 바다로

· · ·

부산진교회에서 2년을 섬기는 동안 담임목사가 강성두 목사님에서 이기은 목사님으로 바뀌었다. 나는 정신없이 장로회 신학대학 편입시험을 준비했다. 당시 지방의 신학교는 서울에 있는 장로회 신학대학에 편입해야 목사 안수를 받을 수 있었다. 그런데 참으로 편입이 힘들었다. 편입시험도 힘들었는데 하필 우리가 졸업할 때 학교에 문제가 생겨서 데모하느라 수업 일자를 걱정할 정도였다. 학구열에 불탔던 나는 시간이 아까워서 가능하면 데모를 자제했다. 그렇게 겨우 시험을 치르게 되었다. 당시 깊은 우정을 준 전범준 목사님과 늘노래 선교단 이광무 목사님께도 감사드린다.

아직 발표가 나지 않았는데 은성교회 장로님을 통해 서울 중구 퇴계로에 있는 동원교회에 소개돼 내년부터 교육전도사로 시무키로 약속이 되어있었다. 문제는 시험에 합격해야 한다. 합격이 되지 않으면 무산이 될 수밖에 없다. 합격을 위하여 기도하지 않을 수가 없었다.

드디어 시험발표일이 되었다. 떨리는 마음으로 수화기를 붙잡고 전화를 했다. 합격이었다. 그런데 서울에 갔다 온 동료들이 나의 이름이 없더라는 것이다. 그럴 리가 없는데…. 불안해졌다. 하나님께 기도했다. 떨리는 손으로 또다시 전화했다. 아마 천국 가는 일이 이런 심정이 아닐까 생각을 했다. "누구든지 생명책에 기록되지 못한 자는 불못에 던져지더라"(계20:15). 두 번 세 번 확인했다. 합격이었다. 할렐루야였고 아멘이었다.

그래서 서울행 티켓을 끊었다. 시냇물(하동)에서 강물(부산)로 강물에서 이제는 바다(서울)로 뛰어들었다. 우선 봉천동의 처형 집에 이삿짐을 풀었다. 100만 원으로 몇 주를 다녀도 부엌 있는 방을 찾을 수가 없어 장모님의 도움으로 50만 원을 더 추가해서 봉천동에 부엌하나, 방 하나짜리 전셋집을 얻었다. 그런데 그 집에서 살면서 예배드린다고, 외출하고 돌아오면 아이들을 풀어놓아 냉장고를 뒤지는 등 집주인으로부터 구박을 받았다. 방도 추워서 많이 떨면서 살았다. 그때만 해도 날씨가 참으로 추웠다.

동원교회는 내가 오자마자 사례비를 10만 원으로 깎았다. 그래도 처음 교육전도사 만 원에 비하면 10배나 많은 축복이었다. 그러나 학교도 다니고 학비와 책을 사야 했고 교통비도 만만치 않았다. 3명의 식구가 먹고살기가 힘들었다. 그때 처형의 도움이 컸다. 하나님은 이스라엘 백성들에게 40년 동안 만나를 먹이셨던 것처럼 살 길을 인도하셨다. 말씀찬송선교회에 공부를 하러 갔는데 요즘은 성경이 다 인쇄가 되어 나오지만 당시는 초창기라 일일이 손으로 색연필로 칠을 해서 표시를 하였다. 그 색칠을 하는 게 한 권당 300~400원의 수입이 돼 생활하는 데 큰 지장은 없었다. 그때 서울 전철 2호선도 개통되어 쉽게 학교에 다닐 수 있었다.

봉천동 전셋집에서 1년을 지내다가 사택을 제공받으면서 사역하게 됐다. 필동에 와서 살면서 마치 이스라엘 백성들이 가나안 땅에 들어가니 만나가 끊어진 것처럼 생활환경이 좀 나아지니 곧 일거리도 없게 됐다. "또 그 땅의 소산물을 먹은 다음 날에 만나가 그쳤으니 … 그 해에 가나안 땅의 소출을 먹었더라"(수5:12). "그러므로 염려하여 이르기를 무엇을 먹을까 무엇을 마실까 무엇을 입을까 하지 말라 이는 다 이방인들이 구하는 것이라 너희 하늘 아버지께서 이 모든 것이 너희에게 있어야 할 줄을 아시느니라 그런즉 너희는 먼저 그의 나라와 그의 의를 구하라 그리하면 이 모든 것을 너희에게 더하시리라"(마 6:31-33).

두 번째 선물도 받고 부천산성교회에 부임하다

• • •

서울 동원교회에서 생활할 때 아내가 둘째 딸을 출산했다. 나는 심방을 하였기에 내가 없을 때 진통할까 봐 미리 병원에 입원하였다. 심방을 마치고 병원에 오니 아내가 진통하고 있었다. 그러나 당시에는 도와줄 형편이 되지 않았다. 요즘은 남편들도 같이 도와서 출산을 하지만 당시의 남편은 문밖에서 기다리다가 들어오라고 하면 들어가는 일만 했다. 얼마 후에 아기의 울음소리가 났고 출산했다는 소식을 듣고 너무 기뻐서 현장으로 달려갔다. 둘째 아이가 태어났다. 너무 귀여웠고 예뻤다. 이름을 혜선이라 지었는데 첫째와 같이 은혜를 베풀고 살라는 뜻에서였다. 혜선이를 선물로 주신 하나님께 감사를 드렸다.

동원교회에서 장로님, 권사님, 가정에 심방을 갔다. 예배를 드리면 예배 후에 진수성찬이 나왔다. 부산에서는 구경도 못 한 음식들이라서 정말 배가 터질 정도로 먹고 일어나기도 힘들어한 적이 여러 번 있었다.

심방을 다니며 많은 일들이 있었다. 한 권사님이 내게 물었다. "전도사님 저가 죽을까요 더 살까요?" 그게 무슨 말씀이시냐 물었더니 심장에 기계를 넣은 지 10년이 되어 배터리가 다 되었다고 했다. 또 세쌍둥이를 낳은 집에 심방을 갔다가 기저귀 갈아주는 것만 보아도 정신이 없었던 적도 있었다. 여름성경학교 때는 주일 학생들과 남산에 올라가는 길목에서 많은 프로그램을 하였다. 하루는 아내가 목욕탕에 갔다가 집으로 돌아왔는데 넥타이를 맨 신사가 우리 집에서 나오면서 "별일 없어요, 들어가세요" 하더란다. 아내가 집에 들어가 보니 누군가 옷장마다 옷을 다 끄집어내어 놓았다고 했다.

동원교회 담임목사님이 사임하고 후임 목사님이 오자 나도 임지를 옮겨야겠다고 생각했다. 다음 임지는 목사안수를 받을 수 있는 곳이어야 했다. 그래서 기도하고 있는데 한 곳에서 청빙이 왔다. 부산이었다. 무조건 만나자고 해서 부산에 갔는데 임지는 부산이 아니라 부천이었다. 나는 하나님의 그 섭리에 놀랐다. 왜냐하면 나는 부산에 있으면서도 늘 내 마음에 부천이나 인천에서 목회를 하면 좋겠다는 바람이 있었기 때문이다. 다시 부산은 가고 싶지 않았다. 그래서 부산이면 거절하고자 했는데 부천이었다. 하나님의 섭리에 놀라지 않을 수 없었다. "참새 두 마리가 한 앗사리온에 팔리는 것이 아니냐 그러나 너희 아버지께서 허락하지 아니하시면 그 하나도 땅에 떨어지지 아니하리라 너희에게는 머리털까지 다 세산 바 되었나니"(마10:29-30).

부천산성교회에 시무하시는 김화익 목사님을 소개받게 되었고 동병봉 장로님이 이삿짐을 실으러 오셔서 부천산성교회 사택에 짐을 부렸다. 그리하여 부천산성교회 전도사로 1985년에 시무하게 되었으며 대학원도 무사히 졸업하게 되었다. 전임전도사로 시무하면서 자전거도 탈 줄 몰랐고 운전도 할 줄 몰라서 걸어 다녀야만 했다. 그래서 아침마다 초등학교 운동장에 가서 자전거 연습을 하였고 이사 오면서 조금 여유가 생긴 돈으로 자동차 면허도 따게 되었다.

1987년 4월에 면허를 땀과 동시에 서울서남노회 고척교회에서 목사 안수를 받아 축복과 기쁨을 누리게 되었다. 많은 축하객들이 모인 자리에서 하나님께 서약을 하고 안수를 받았다. '병을 치료해주시면 두 번째 생명을 하나님께 드리겠습니다'는 약속이 목사 안수를 받음으로써 출발하게 되었다.

이렇게 부천산성교회에서 전도사 2년, 부목사 3년을 시무하다가 이제는 개척해야 하리라 기도하고 꿈을 꾸게 되었다.

1990년, 임마누엘교회 설립예배를 드리다

• • •

개척교회 장소를 물색하는 중에 부천시 원미동, 심곡동, 소사동 등을 모두 다니며 보았으나 마땅한 장소가 없었다. 아니, 장소가 없다기보다는 내가 가진 경제적 여건과 맞지 않았다.

그러다가 인천 부개동에 왔다. 주변에는 아파트를 짓는 곳도 있고 개발 중인 공터도 많았다. 그 가운데 30여 평 되는 지하공간이 있었다. 그래서 바로 김화익 목사님을 모시고 와서 보여드렸다. 그런데 목사님과 나도 바로 옆에 교회가 있어서 조금 머뭇거렸다. 재정적으로도 부족했지만 하나님이 집사님 한 분을 감동케 하셔서 300만 원 헌금도 하게 해주셨다. 계약하고 가족이 충현기도원에 가서 하나님의 인도를 간구하였다. 그렇게 부천산성교회에서 사임하고 사찰집사님의 도움을 받아 교회당을 꾸몄다.

1990년 10월 7일 오후 3시, 설립예배를 드렸다. 부천산성교회 김화익 목사님이 말씀을 전해주시고 성가대원들과 성도들이 지하에 가득 차게 와서 축하해줬다. 드디어 인천 부평 부개2동에 주님의 빛을 비추는 거처가 마련되었다. "이 집은 살아계신 하나님의 교회요 진리의 기둥과 터니라"(딤전3:15). 예수님이 베드로에게 세우겠다고 하셨던 교회였다. "또 내가 네게 이르노니 너는 베드로라 내가 이 반석 위에 내 교회를 세우리니 음부의 권세가 이기지 못하리라"(마16:18).

하나님의 진리 등대 길이길이 빛나니 우리들도 등대 되어
주의 사랑 비추세.

이제 교회를 세웠으니 땅끝까지 증인이 되라는 주님의 명령에 따라 열심히 전도하여야 했다. 주일에 예배드리는데 초등학생 3명이 들어왔다. 너무 반가웠다. 김민지, 박소연, 김은지. 임마누엘교회를 개척한 후의 첫 열매들이다.

교회 주변은 개발지로서 점점 아파트가 들어서고 빌라도 들어섰다. 영적 추수꾼은 더 바빠지기 시작했다. 그러나 사탄의 방해 또한 만만치 않았다. 어떤 아파트는 단속을 해서 들어가지 못하게 했다. 그러면 전도팀은 한 아파트로 들어가서 옥상을 타고 다른 라인으로 내려오면서 전도하였다. 땅끝까지 복음을 전하라 하신 주님의 명령에 순종하여 때를 얻든지 얻지 못하든지 전도에 온갖 힘을 쏟았다. 그리하여 한 명 한 명 복음을 듣고 구원을 받는 무리가 늘어남으로써 행복했다. 비록 지하라서 냄새도 났고 비가 오면 습기가 벽을 타고 바닥에 물이 흥건히 고였지만 마포로 바닥을 닦아내면서 정신없이 목회했다. 목회하면서 가장 행복했던 때였다. 전도도 제일 많이 했고 가장 교회가 활성화됐던 때도 바로 이 지하교회에서의 8년이었다.

어머니 나의 어머니, 아버지 나의 아버지

· · ·

교회 예배 처소를 꾸미고 있는데 비가 엄청나게 쏟아졌다. 전화까지 끊겼다. 그래서 공사를 하고 있는 와중에 어머니가 돌아가셨다는 소식을 들었다. 산성교회 사찰집사님이 달려왔다. 65세밖에 안 되셨는데 어떻게 이런 일이⋯. 청천벽력이었다. 도저히 믿어지지가 않았다. 그동안 건강하셨기 때문이다. 동생에게 전화했더니 사실이었다.

어떻게 돌아가셨느냐고 물으니 전날 친구들과 기분 좋게 목욕을 하시고 다음 날 아침 새벽기도를 가시다가 "친구" 하더니 그냥 주저앉아서, 친구는 장난하는 줄 알았다 한다. 동생이 급히 연락을 받고 병원에 모시고 갔었는데 이미 숨을 거두셨다고 했다. 아마 심근경색이나 심장마비로 돌아가신 것이 아닌가 생각한다.

어머니, 이타관 나의 어머니. 이름만 불러도 가슴이 멘다. 한창 아름다운 19살에 30대 후반의 아버지와 결혼을 하신 이후 술중독자 남편으로부터 마음고생을 하시며 한 명도 아닌 네 명의 자녀들이 어머니 품을 떠나 싸늘한 저세상으로 가는 것을 볼 때마다 얼마나 가슴이 메고 찢어졌을까. 부산으로 이사 와서도 자식 네 명을 굶기지 않으시려 아침부터 저녁까지 자갈치, 충무동, 아미동, 보수동, 국제시장, 남포동, 다니지 않은 곳이 없을 정도로 함팅이를 이고 다니시면서 "○○사이소, ○○ 사이소" 하셨다. 그러다가 자갈치시장이나 충무동 시장에 자리를 잡고 앉아서 팔아보려고 하면 단속반원들에게 쫓겨서 이 곳저곳을 다녀야 했던 어머니.

자녀들을 홀로 책임져야 했던 고달픈 인생길, 그러나 막상 힘이 들 때 위로받을 곳이 없었고 위로해줄 자도 없었으니 오로지 그 무거운 짐을 홀로 지고 가야만 했던 어머니. 혼자 얼마나 많은 눈물을 흘리셨을까. 그 어머니가 돌아가셨다. 다시 뵐 수가 없다. 어머님의 장례를 김해 동생 집에서 치르는데 눈물이 나지 않았다. 나는 감정이 메마를 대로 메말라 있었다. 일중독자에다가 너무 세파에 많이 시달리다 보니 눈물샘이 다 말라버린 것이다.

그럼에도 감사한 것은 아버지, 어머니가 모두 예수님을 영접하고 돌아가셨다는 것이다. 아버지도 시골에 계시다 결국에는 부산으로 오셔서 같이 살고 교회도 함께 다니셨다. 가끔 술을 잡수셨는데 집을 찾아오시지 못해서 찾으러 다녔고 어떤 때는 술에 취해 길을 잃은 아버지를 이웃 사람들이 업고 와주셨다. 감사할 뿐이었다. 지금 와서 생각해보면 그것이 치매였다.

어느 날 새벽기도를 하는데 환상 중에 아버지가 무척 아파하시는 것이 보였다. 그 다음에는 환히 웃으시는 모습이 보였다. 내 생각에 아버지가 많이 아프시다가 나으시려나 생각했는데 그날부터 아버지가 이상한 소리를 하셨다. 나는 기도로 악한 영과 싸웠고 "예수님 이름으로 악한 영은 떠나갈 지어다"라고 명령, 선포하였다. 그랬더니 아버지의 증세가 즉시 나았다. 그러나 며칠 지나지 않아 72세에 하늘나라로 가셨다.

나에게 아버지는 감정도 없이 열심히 일만 하시는 분으로 각인되어 있었다. 그러다 어느 날 아버지가 둘째 동생을 가지런히 껴안고 있던 사진을 보면서 아버지도 감정이 있고 사랑도 있는 분인데 표현만 하지 않으신 것이구나 생각이 들며 가슴이 찡해졌다. 아버지가 부산에서 지낼 때 심심해하셨는데 그 당시 나의 소원이 아버지 TV 한 대 사드리는 것이었다. 결국 아버지가 돌아가실 때까지 사드리지 못한 것이 마음아프다.

그래서일까. 어머니가 살아계셨을 때 집에 오시면 아내와 두 딸들과 같이 가지 않은 곳이 없을 정도로 모시고 다니면서 구경시켜드렸던 것이 다행이고 감사했다. 어머니는 부산으로 이사 오시면서 나하고 교회를 다니기 시작하셨고 권사 직분까지 받고 하나님 아버지 품으로 가셨다.

피투성이라도 살아라 명령받고 살아난 나를, 파란만장한 삶을 통하여 예수를 믿게 하시던 그 하나님께서, 나를 통하여 아버지 어머니까지 구원을 받는 축복으로 인도하셨다. 그저 감사할 뿐이다. "너희는 마음에 근심하지 말라, 하나님을 믿으니 또 나를 믿으라, 내 아버지 집에 거할 곳이 많도다. 그렇지 않으면 너희에게 일렀으리라 내가 너희를 위하여 거처를 예비하러 가노니"(요14:1-2).

5장 더 살고 싶어요, 살려주세요

숨쉬기 운동도 운동인가요?

• • •

교회를 개척하고 5년째 되는 1995년이었다. 김종주 장로님이 주도하시는 '크리스천 가정사역 센터' 부부세미나를 신청했다. 당시에는 리더가 없어서 용인까지 갔다. 부부세미나를 한 번 참석하고 그다음 주에는 사랑의교회 제자훈련(옥한흠 목사)에 참석했다. 172명이 참석하여 아침 8시부터 밤 9시까지 조금도 시간적 여유가 없는 강훈련이었다.

그다음 월요일부터 오른쪽 어깨가 뻐근해지기 시작했다. 곧 낫겠지 하다가 계속 통증이 오자 과로로 인한 후유증인가 하여 동네의원에 가서 진찰을 받고 주사를 맞고 약을 먹었다. 곧 낫겠지 하였는데 약 효과와 아무런 상관없이 더 심해졌다. 다시 가서 주사를 맞고 약을 먹었다. 결국 약과 주사는 나에게 아무런 효과를 주지 못했다.

1995년 3월 토요일, 통증으로 너무 고통스러웠다. 누워도, 앉아도, 옆으로 누워도, 엎드려보아도 통증이 낫질 않았다. 방법이 없었다. 점점 더 심해졌고 밤새도록 앓으면서 통증으로 인한 고통 때문에 한숨도 자지 못하였다.

시간이 지나면 낫겠지 했는데 시간이 지날수록 심해지면서 고통스럽게 되자 주일날 겨우 예배를 인도하고 부평에서 중간 크기가 되는 중앙병원에 갔다. 의사 선생님은 근육통이니 일주일만 입원해서 물리치료를 받으면 나을 것이라고 했다. 그래서 일주일간 입원을 하여 물리치료를 열심히 받았다. 그렇게 약 3일 정도 물리치료를 받았는데 효과는커녕 오히려 더 심해져서 목과 어깨 부위가 퉁퉁 부었다. 너무나 고통스러워서 견딜 수가 없었다. 그러자 의사 선생님은 단순한 근육통이 아니구나 하는 생각을 하게 되었고 원인을 찾기에 고심하였다.

4일이 지나니 호흡이 가빠져서 산소 호흡기를 달지 않고는 호흡을 할 수 없었고 허리가 아파 일어날 수도 없었다. 그 고통은 지옥을 연상케 했다. 5일째 되는 금요일, 방사선을 찍어야 하는데 그 병원은 방사선을 찍는 설비가 되지 않아 다른 병원으로 가야만 했다. 병상에서 일어나는데 허리가 아파 부축을 받으면서 간신히 일어났다. 겨우 일어나 걸어가려는데 숨이 가빠서 한 걸음도 뗄 수가 없었다. 그러자 나를 업어서 차에 태우려고 하였다. 그런데 숨이 가빠서 등에 업히는 것도 할 수가 없었다. 그래서 "잠깐 기다리세요" 하고 호흡을 추슬렀다. 안정을 찾은 후에 겨우 등에 업혀서 차를 타고 방사선을 찍고 왔다. 나는 숨을 쉬는 것이 '숨쉬기 운동합니다' 하면 헛웃음을 지었던 그런 일이 아니라 생사가 걸린 운동이라는 것, 숨을 쉬는 일이 얼마나 큰 축복인가를 깨닫고 그다음부터는 숨을 쉴 때마다 감사하였다.

"그 호흡이 끊어지면 흙으로 돌아가서 당일에 그 도모가 소멸하리로다"(시146:4). "너희는 인생을 의지하지 말라, 그의 호흡은 코에 있나니 수에 칠 가치가 어디 있느뇨"(사2:22). "호흡이 있는 자마다 여호와를 찬양할지어다 할렐루야"(시150:6). 그렇다. 호흡이 있을 때 열심히 주를 찬양해야 한다.

3명의 의사가 원인을 찾기 위해 의논했지만, 병명을 찾지 못했다. 금요일 밤은 너무 고통스러운 밤이었다. 간호사를 불러 너무 고통스럽다고 했더니 주사를 놓아주었다. 아마 수면유도 주사가 아닌가 생각한다. 그 주사를 맞고 2시간은 겨우 통증이 없이 잠을 잤으나 잠이 깨자 통증은 계속되었다.

숨을 쉬고 산다는 것 자체가 기적이요 축복이다. 내가 돈을 들이지 않아도, 내가 고생하지 않아도, 내가 시간을 들이지 않아도, 내가 아무런 노력을 하지 않아도 이때까지 자동으로 숨을 쉬게 해주셨으니 얼마나 감사한 일인가. 통증 없이 산다는 것 또한 얼마나 큰 축복인가. 통증으로 고통을 겪어본 사람만이 이 말에 동의할 것이다. 결국 나는 이 병원에 있으면 죽겠다는 생각에 큰 병원으로 옮겨야겠다고 결심했다.

3일밖에 못 산다고요?

· · ·

1995년 4월 1일, 이날은 토요일이었다. 어젯밤에 너무나 많은 고통이 있었고 의사들도 병명을 찾지 못한 상태에서 부천 성가병원으로 갔다. 담당 의사는 검사를 다 하고는 패혈증이라 3일밖에 못 산다는 선고를 내렸다. 패혈증이란 피 속에 균이 들어가서 순식간에 퍼져 단숨에 악화가 되어 죽는 병이다. 아내가 오더니 흥분하여 "여보! 마음 단단히 먹어야 해요"라고 말했다. 나는 즉시 좋지 않은 소리라는 것을 알아차렸고 더 이상 다른 소리는 듣기 싫었다. 그래서 알았다고 했다.

아내는 기가 막혀 했다. 사람의 힘으로 할 수 없다면 하나님 빽이 있지 않은가 생각하고 가까운 교회에 갔다. 교회 문이 열려있었다. 아내는 눈물로 히스기야처럼 하나님께 호소했다. "히스기야가 얼굴을 벽으로 향하고 여호와께 기도하여 가로되 여호와여 구하오니 내가 주의 앞에서 진실과 전심으로 행하며 주의 목전에서 선하게 행한 것을 추억하옵소서 하고 심히 통곡하니"(사38:2-3).

한창 기도하는데 그 교회 목사님이 와서 '왜 그렇게 서럽게 우시면서 기도하느냐'고 물었다고 한다. 아내가 "우리도 목회하고 있는데 목사님이 3일밖에 못 산다고 해서 기도하러 왔습니다"라고 했더니 그 목사님이 '이왕 돌아가실 것이면 우리 교회에 와서 기도하시다가 임종을 맞으라'고 했다는 것이다. 아내는 기분이 나빠 속으로 '그럴 바에는 우리 교회에 가서 기도하겠다' 하고 나와버렸다고 했다.

아내가 병원에 와 보니 남편이 없어졌다. 간호사에게 정용현 씨

어디 갔느냐고 물으니 '방금 영안실로 가는 것 같더라'고 답을 한다. 이걸 어쩌나 가슴이 철렁 내려앉아 영안실로 달려가서 영안실마다 남편을 찾았다. 그러나 아무리 찾아보아도 남편 이름은 보이지 않았다. 집사님 한 분도 영안실에서 나를 한참 찾았다 한다. 하지만 나는 다행히도 그곳에 없었다. 천만다행이었다. 사랑하는 사람이 꼭 있어야 할 곳에 있어야 한다. 있어서는 안 될 곳에 있어서는 안 된다는 것을 깨닫는 교훈이다.

그러는 사이 나는 중환자실로 입원했다. 중환자실에서 첫날 밤을 보내는데 한 할아버지가 밤새도록 "할멈, 소변 누려" 했다. 조용해지려 하면 또 "할멈, 소변 누려" 하셨고 밤새도록 그러셨다. 나는 병상에서 나가지 못하고 그 자리에서 대소변을 처리할 수밖에 없었다. 그러는 가운데 어떻게 하면 죽지 않을까 기도도 하면서 연구를 하였다. 그렇게 고작 연구한 것이 사람이 죽을 때는 대체로 밤에 죽는다는 것이었다. 그렇다면 밤에는 잠을 자지 않고 낮에 자면 되겠다는 노벨상을 받을만한 연구를 하였다. 물론 논문에는 나오지 않았지만…. 고작 이런 것들이나 연구하고 있는 것이 인간이라는 생각이 들었다.

그러다가 일어나려고 하는데 이전 병원에서처럼 도저히 허리에 힘이 들어가지 않았다. 이왕 죽을 바에야 힘이나 한번 써보고 죽자 하면서 병상 손잡이를 붙잡고 있는 힘을 다하여 허리에 힘을 주었다. 그런데 이게 웬일인가. 허리에 힘이 들어가면서 일어나지는 것이 아닌가! 근본적인 치료는 아니었지만 그래도 할렐루야였다.

다음 날은 부활주일이었다. 찾아온 사람들은 문병객이 아니라 문상객이나 다름없었다. 나를 보는 자마다 모두 고개를 저었다. 내 얼굴에 초췌함과 병색이 짙은 것을 보고 고개를 저은 것이다. "나를 보는 자는 다 나를 비웃으며 입술을 비쭉거리고 머리를 흔들며 말하되 그가 여호와를 의탁하니 구원하실 걸, 그를 기뻐하시니 건지실 걸 하나이다"(시22:7-8). 즉 틀렸다는 이야기였다. 문병객 모두가 40대 초반의 젊은 목사가 내일이면 다시 오지 못할 곳으로 간다는 생각을 하니 불쌍해 보인 것이다.

나는 중환자실에서 히스기야를 생각하면서 계속 기도했다. 히스기야에게 3일밖에 살지 못한다고 하셨는데 15년을 더 살게 해주신 하나님, 나에게도 생명을 연장시켜주세요. 나의 지금 이 병은 죽을병이 아니라 하나님의 영광을 드러내기 위한 병인 줄 믿습니다. "예수께서 들으시고 가라사대 이 병은 죽을 병이 아니라 하나님의 영광을 위함이요 하나님의 아들로 이를 인하여 영광을 얻게 하려함이라 하시더라"(요11:4). 아멘, 그렇게 될 줄을 믿습니다. 계속 선포하였다.

학같이 지저귀며 비둘기같이 슬피 울며

• • •

의사는 최종선고를 해놓고는 아무런 노력도 하지 않았다. 3일째 되는 월요일, 사망일이었다. 의사에게 최종 의사를 물어도 여전했다.

이대로 있다가는 의사의 말대로 정말 3일밖에 살지 못하겠다 싶어 서울로 가야겠다는 생각을 하였는데 아내와 동생은 서울대병원으로 가기로 이미 결정했다. 의사는 가다가 죽는다 했다. 그러나 여기서 죽느니 최선을 다해보고 죽는 것이 낫지 않겠는가. 전 성도들이 울부짖으며 기도했고 부목사로 있던 부천산성교회에서도 기도해줬다.

마침 이날은 서울서남노회에서 노회를 하는 날이었다. 노회를 하는 중에 '정용현 목사님이 패혈증으로 성가병원에 입원해있는데 오늘이 죽는 날이라 하는데 기도합시다'라고 했다. 김화익 목사님의 기도 후에 즉석 헌금까지 했는데 180만 원이나 되었다. 또 당시 초등학교 2학년, 4학년이던 두 딸의 경우, 처형이 집에 와서 보니 각자 한 방씩 차지하고 침대에 올라가서 엎드려 울면서 우리 아빠 살려달라고 기도하는데 마음이 아파 볼 수가 없더라고 한다.

의사에게 가다가 죽는다고 하셨는데 어떻게 하면 되겠느냐고 물으니 수혈을 받아서 가라고 했다. 급하게 아는 경찰을 통하여 경찰 5명을 데리고 왔는데 한 사람 수혈에 5시간이나 걸렸다. 그렇다면 서울도 가지 못하고 여기서 죽을 수도 있다는 생각에 한 명에게만 수혈받고 죽을 각오를 하고 구급차를 타고 서울로 향했다.

나는 서울대병원으로 가는 구급차 안에서 바짝 긴장하여 기도했다. "하나님 죽더라도 서울대병원에나 가보고 죽도록 도와주셔요." 그러다가 정말 내가 살아있나 싶어 손가락으로 허벅지를 꼬집기도 했다. 그 결과 하나님이 홍해 길처럼 길을 여시어 서울대병원 응급실에 40분 만에 도착하였다. 비행기를 타고 날아온 기분이었다. 응급실에 들어오니 마치 전국에서 막장 인생들만 모인 '도떼기시장' 같았다. 부산, 제주도, 강원도, 광주, 충청도 등 전국 각지에서 오지 않은 환자가 없을 정도였다. 나처럼 다른 지역에서 치료하다가 안 돼서 죽든지 살든지 최종적으로 큰 병원에서 가서 한 번이라도 검사를 받고 치료를 받아봐야 죽어도 원이 없겠다는 환자들로 가득했는데 젊은이, 노인, 남자, 여자 가릴 것도 없었다.

얼마나 환자들이 많은지 자리가 없었다. 그래서 병상 침대 하나 구해 바깥 한구석에서 산소 호흡기를 달고 기도하고 있는 나의 모습이 마치 히스기야의 모습처럼 초라해 보였다. "나는 제비같이 학같이 지저귀며 비둘기같이 슬피 울며 내 눈이 쇠하도록 앙망하나이다 여호와여 내가 압제를 받사오니 나의 중보가 되옵소서"(사38:14). 여기서 죽어서 장례식을 치르고 나갈는지 아니면 하나님의 어루만짐 속에서 기적을 체험할 수 있을는지…. 아무도 알지 못했고 확신할 수 없었다. 오직 하나님만이 알 뿐이었다. 마치 누군가 한번 밟아버리면 흔적조차 찾을 수 없는 지렁이 같은 존재, 누군가 한번 불면 꺼져버릴 바람 앞의 촛불과도 같은 생명이었다.

그러다가 응급기계가 설치된 곳까지 영전하였다. 응급실 바깥에서만 맴돌던 내가 응급기계가 있는 곳까지 왔다. 영전한 것은 감사하지만, 그곳은 죽음으로 가는 '영전'일는지 모른다. 그날 밤에 5명이나

죽어 나갔다. 바로 내 옆의 할아버지는 강원도에서 오셨다. 오셨을 때
는 정신이 멀쩡하셨다. 그런데 심장이 멎었다. 의사 선생님들이 교대
로 계속 심장을 압박하였다. 그래도 심장이 뛰지 않으니 이번에는 심
장박동기를 가지고 와서 충격을 가하였다. 밤새도록 의사들이 씨름하
였지만, 심장 박동은 끝내 돌아오지 못하고 할아버지는 돌아가시고
말았다.

옆에 계신 할머니가 통곡을 한다. 의사 선생님들을 붙잡고서는
"야 이놈들아. 사람 살리라고 데리고 왔지, 산 사람 죽이라고 데리고
온 줄로 아느냐?" 하셨다. 나도 그 말이 옳다고 생각했다. 분명히 살
아서 오신 것을 내 두 눈으로 똑똑히 보았기 때문이다. 그렇게 눈물을
뿌리면서 하소연을 하였지만 한번 가신 할아버지는 들으시는지 듣고
도 돌아오실 수 없으셨는지 끝내 돌아오시지를 않았다.

바로 옆에서 그런 모습을 밤새도록 목격을 한 나는 어떤 생각을
하였을까? '아, 나도 분명히 살아서 이 병원에 왔지만 저 할아버지처
럼 갈 수도 있겠구나'라는 생각이 들면서 머리가 복잡했다. 그래도 그
할아버지는 80대로 살 만큼 살고 가신다지만 나는 그 할아버지의 절
반밖에 안 되는 40대 초반에 갈 수도 있다는 것을 생각하니 하나님
앞에 학같이 지저귀며 비둘기같이 슬퍼하며 기도하지 않을 수가 없
었다. 하나님, 히스기야에게 응답하신 것처럼 내게도 응답해주세요.
나도 더 살고 싶습니다. 내게 응답을 주시고 내 생명을 더 연장시켜주
세요.

임종의 문턱에서, 가게는 누가 보느냐

• • •

서울대병원 응급실에서 밤새도록 씨름을 한 다음 날, CT 사진을 찍으라는 통보가 왔다. 현금으로만 50만 원이다. 그럼에도 살려면 찍어야 했다. CT실에 들어갔는데 옷을 갈아입고 기계 통 안으로 들어가라고 했다. 그리고 30~40분 찍을 것인데 아내에게 납으로 된 치마를 입게 하고 숨이 끊어지는가 보라는 것이었다. 나는 부천에서 구급차를 타고 서울대병원 응급실로 올 때를 생각했다. 그때도 가다가 죽는다고 했다. 그러나 하나님은 지금까지 살려주셨다. 그렇다면 CT 사진을 찍는 통 속에서도 살려주실 것이다. 그래서 그 심정으로 기계 통 속에서 정신을 차리기 위해 애를 썼고 기도했으며 나의 팔을 꼬집으면서 살아있는지를 확인했다.

기계 통 속에서 내가 살아있다고 말을 할 수도 없고 아내도 사진 찍는 사람에게 죽었소, 살아 있소, 물어볼 수도 없어 침묵만 흘렀다. 아내도 납 치마를 입고 기도만 할 뿐이었다. 처음에는 기도만 하였지만 침묵의 시간이 계속 흘러가니 아내도 답답하여 견딜 수가 없었다. 그러다가 "여보, 정신 차려요!" 하고 고함지르면서 울먹였다. 나는 그 소리를 들었지만 기계 통 속에서 "여보 나 아직 살아 있소!"라고 말을 할 수가 없었다.

다행히 별일 없이 사진을 다 찍었다. 아직 사진 판독이 나오지도 않았지만 별다른 판정은 없었다. 그러나 한결같이 희망을 포기하라는 식이었다. 의사들은 지금까지 몇 번이고 죽을 수도 있다는 말을 했지만 하나님은 지금까지 나를 죽지 않도록 붙잡아주셨다. 주변 사람들의 노력으로 나는 서울대병원에 온 지 2일 만에 2인실에 입원하였다. 죽는다는 월요일이 지났기에 조금 안정되었다.

휠체어를 타고 산소통과 여러 개의 주사기를 꽂은 채 병실에 들어갔다. 그런데 이미 입원 중이던 분이 기분이 나빴는지 커튼을 쳐버렸다. 나도 기분이 많이 나빴다. 알고 보니 제주도에서 온 암 환자로서 치료 중인데, 바로 전에 환자가 죽어 나갔는데 또 죽을 사람이 들어왔고, 그도 바로 자기 옆에 들어오니까 기분이 많이 나빴던 것 같다. 나는 병실에 들어가자마자 쓰러져버렸다. 동생은 옆에 서 있고 아내는 내 온몸을 주무르며 울부짖으면서 기도하였다. 나는 기도하고 주무르는 아내의 소리는 다 들으면서도 입으로 '괜찮다'라는 한마디만 하면 되는데 그 말이 나오지 않았다. 몸도 움직이려고 해봤지만 움직이지 않았다.

그때 나는 사람이 죽는다는 것은 외부에서 나는 소리를 다 듣지만 몸이 움직이지 않고 몸이 말을 안 듣는 것이지 나 자신의 존재가 없어지는 것이 아니라는 것을 깨달았다. 영혼이 완전히 떠나가기 전까지는 모든 것을 듣고 생각을 하는 것이다. 죽는다는 것은 더 이상 육신 속에서 살 수가 없어서 영혼이 육신을 떠나가는 것이지 '나'라는 존재가 없어지는 것이 아니구나. 그리고 저세상에서는 육신을 제외한

속의 나, 진짜의 '나'가 존재하는 것을 깨닫게 되었다.

사람이 임종할 때 네가 잘했니, 내가 잘했니, 싸우고 혈기를 부리는 자녀들이 있는가 하면 상속문제로 싸우는 사람들도 있다. 영혼이 완전히 떠나가기 전 임종 중에는 그 말을 다 듣기 때문에 말을 함부로 하면 안 된다는 것을 알게 되었고 대신 '그동안 수고하셨어요. 이 세상 모든 것을 다 내려놓으시고 이제는 주님 품에 안기시어 평온한 삶을 누리셔요. 사랑합니다' 하면서 꼭 껴안아드리는 것이 효과적이라는 것을 깨달았다.

목회하는 중에 젊은 여집사님이 병원에서 암으로 임종을 앞두고 있었다. 임종이 늦어지자 예배 후 기도를 드렸다. "집사님, 이제는 두 딸을 다 하나님 앞에 맡기셔요. 하나님이 그 자녀들을 책임져주실 거예요. 자녀들 때문에 하는 모든 염려를 다 내려놓으셔요. 하나님, 이제는 남편과 두 딸을 하나님 앞에 맡깁니다. 하나님이 잘 길러주세요." 그랬더니 편안한 자세를 보이시고는 '이제는 되었다'라고 말하듯이 임종하셨다.

또 이런 이야기가 있다. 어떤 아버지가 임종하고 있었다. 자녀들이 아버지의 임종을 보기 위해서 다 모였다. 아버지는 숨을 가쁘게 몰아쉬면서 아들, 딸들이 다 왔느냐고 한 명 한 명 이름을 불러 확인하였다. 다 확인을 한 후에 숨을 크게 들이쉬면서 "너희들이 다 여기 와 있으면 가게는 누가 보느냐"고 호통을 쳤다는 이야기다.

하나님은 말씀하신다. "하나님은 이르시되 어리석은 자여 오늘 밤에 네 영혼을 도로 찾으리니 그러면 네 준비한 것이 누구의 것이 되겠느냐 하였으니"(눅12:20).

하나님 빨리 퇴원시켜주세요

. . .

나는 병상에서 헌혈카드를 수집하여 2개의 수혈을 했다. 당시 나에게는 수혈이야말로 보약이나 다름없었다. 누가 헌혈을 한 피인지 모르지만 참으로 감사했다. 죄인의 피도 이렇게 사람을 살리거늘 하물며 흠 없고 티 없는 예수님의 피가 우리를 살리지 않으시겠는가? "오직 흠 없고 점 없는 어린 양 같은 그리스도의 보배로운 피로 된 것이니라"(벧전2:19).

수혈을 받고 생기가 돌았고 힘도 생기고 정신이 조금 들어서 담당 주치의에게 물었다. "선생님, 어떻습니까? 회복될 가능성이 있습니까?" 의사 선생님은 한참 생각하시더니 역시 "글쎄요" 했다. 나는 감사했다. 왜냐하면 당시 그 소리가 '기도하셔요'로 들렸기 때문이다. 성령께서 기도하면 나을 수 있다는 말로 들리게 하신 것이다. 아멘.

물이 병에 절반이 들어 있을 때, '물이 절반밖에 없다'와 '물이 절반이나 들어있지 않은가'로 표현할 수 있다. "내가 오늘날 천지를 불러서 너희에게 증거를 삼노라 내가 생명과 사망과 복과 저주를 네 앞에 두었은즉 너와 네 자손이 살기 위하여 생명을 택하고"(신30:19). 생명으로 생각할 것인가, 사망으로 생각할 것인가는 나의 몫이다. 그 선택은 나에게 달려있다. "글쎄요"라는 말의 뜻은 나을 수도 있고 낫지 않을 수도 있다는 거다. '네 선택에 달려 있다'는 말이다. 하나님은 나에게 기도하면 나을 수도 있다는 말을 선택하도록 성령께서 감동시키셨다.

얼마 후 의사 선생님이 오더니 검진 결과를 말씀하셨고 치료방법도 말씀해주셨다. 사진판독과 검진결과, 폐 위쪽의 가슴에 큰 농이 생겨 폐렴이 되었고 호흡이 잘되지 않아 모든 기능이 다 떨어졌다고 했다. 수술해야 하는데 폐가 워낙 나쁘기에 우선 약물로 치료하다가 폐가 어느 정도 회복되면 수술하자 하였다. 나는 하나님께 감사하였다. 하나님이 수술하지 않고 치료해주실 것에 대한 기대가 생겨나면서, 하나님께 수술하지 않고 치료하게 해달라고 기도하기 시작했다. 며칠 동안 약물치료를 하였다. 그런데 내가 봐도 알 수 있을 정도로 회복이 급진전되기 시작하였다. 목과 오른쪽 어깨 사이의 부위가 순해지면서 많이 가라앉았다. 하나님이 그 약물을 통하여 내 상처에 꼭 맞게 하심으로 치료를 하고 계시는 것이 보였다. 아멘.

그러는 가운데 서울대병원에 입원 후 첫 번째 주일을 맞이했다. 서울대병원 교회에 가서 예배를 드리기 위해 휠체어를 타고 산소통을 달고 산소 호흡기를 포함한 링거 줄을 4개나 달고 갔다. 그런데 목소리가 나오지 않았다. 폐 기능이 거의 상실이 되어 호흡도 가빠져서 그런 것이었다. 기가 막혔다. 말씀을 읽을 때도 눈으로만, 찬송도 눈으로만 할 수밖에 없었다. 조그마한 목소리도 나오지 않았다. 나는 목소리가 나오지 않는 인생은 상상도 못 했는데 막상 이런 상황에까지 이르자 기가 막혔다. 죽느냐 사느냐의 생사 갈림길에 있다는 것은 생각지 않고 혹시 평생 목소리가 나오지 않으면 어쩌지 불안하였고 두렵기까지 하였다.

병실에 와서는 하나님에게 수술하지 않고 약물로써 깨끗하게 치료가 되어 수술할 필요도 없게 해달라고 기도하는 데에만 집중했다. 일주일이 지나서 목과 오른쪽 어깨 사이의 부위 통증이 많이 빠지자 내 마음속에 잘못된 생각이 떠올랐다. 퇴원 가능성이었다. 다 죽어가는 인간 살려놨더니 10일도 안 되어 퇴원 이야기를 한다고 할까 봐 염치가 없어서 아무에게도 말도 못 하고 혼자서만 생각을 하고 있었다.

그러는 중에 두 번째 주일이 왔다. 두 번째 주일에는 목소리가 조금씩 나오면서 많이 부드러워졌다. 두 번째 예배를 드리고 나니 몸도 많이 회복되고 마음의 여유도 생기게 되었다. 희망이 생겼다. 사람이 배가 고프면 앞에 있는 사람이 보이지 않다가 자기 배가 조금 차고 나면 앞사람이 보인다. 이제야 눈이 조금 열리니 교회가 생각이 나고 가정이 생각이 났다. 그러면서 의사에게는 말은 하지 못하고 혼자서만 하나님께 '하나님, 빨리 퇴원시켜주세요'라고 간절히 기도하였다.

하만은 박살 나고 모르드개는 승리할지어다

• • •

　입원 후 두 번째 주일, 그날도 '하나님, 빨리 퇴원시켜주세요'라고 기도하고 예배를 마치고 나오는데 팸플릿 하나를 받아서 병실에 와서 읽었다. '관에서 나온 사나이'라는 별명을 가진 한국신학대학 학장으로 계시던 김정준 교수가 불치의 병에서 고침을 받았다고 했다. 그때 침대 벽에 붙여놓고 더불어 병과 싸운 7계명과 찬송가 가사가 팸플릿에 기록되어있었다.

> **<7계명>**
>
> 1) 치료의 기간을 스스로 정하지 말라.
> 2) 집안일이나 자기 자신에 대한 염려를 버려라.
> 3) 세상일이나 학문의 일에 관심하지 말라.
> 4) 실망을 버리고 최후까지 희망을 가져라.
> 5) 감사하는 마음을 가져라.
> 6) 자랑하는 마음이나 자부심을 버려라.
> 7) 믿는 마음을 가지라.

> **<김정준, 나운영 작사>**
>
> 온 세상 내 것인 양 날뛰어보고 못할 일 전혀 없다 장담해봐도
> 병상에 눕게 되면 자신을 안다.
> 내 몸을 내 맘대로 못하는 것을

7계명 중에서 첫 번째인 '치료의 기간을 스스로 정하지 말라'가 나를 요동치도록 만들었다. 일단 병원에 입원하면 본인이 퇴원날짜를 정하지 말고 완쾌해서 나가기를 기도하라. 이유는 자기가 퇴원날짜를 정했다가 그때 퇴원하지 못하게 되면 실망하면서 불평하고 트집 잡고 신경질을 부려 더 악화될 수도 있다는 내용이었다. 나는 하나님이 나에게 주신 말씀이라 생각하여 당장 무릎 꿇고 회개했다. "하나님 잘 못했습니다. 다시는 퇴원문제를 두고 기도 안 하겠습니다. 완전하게 고침받아 퇴원하겠습니다." 그런데 기도가 끝나자마자 어떻게 알았는지 담당 의사가 와서 "정용현 씨, 이대로 회복하면 다음 주 초에는 퇴원할 것 같군요"라고 했다. 나는 속으로 하나님이 주신 말씀이라 생각하고 '아멘' 했다.

기도했던 터라 하나님의 응답으로 믿었다. 그런데 조건이 있었다. 하나는 지금 계속 체온이 37~38℃인데 정상이 되어야 하고 가슴에 농이 완전히 치료되어야 한다는 것이다. 그럼에도 불구하고 나는 감사하며 계속 기도했다. '과정이야 어찌 되었든지 다음 주에는 꼭 퇴원할 줄 믿습니다.' 그런데 수요일 밤, 갑자기 체온이 39~40℃로 올라갔다. 의사, 간호사들은 비상연락망까지 가동하면서 초긴장했다. 내 옷을 벗기고 찬물로 닦고 체온을 내리려 안간힘을 썼으나 내려가지 않았다.

그렇게 씨름을 하고 있는데 하나님께서 나에게 기가 막힌 기도를 주셨다. 모르드개와 하만의 싸움이었다. 내 머리로는 도저히 생각할 수 없는 기도를 하나님이 주신 것이다. 하만은 병균, 모르드개는 면역세포를 의미하였다. 나는 기도하면서 선포했다. "오늘 밤에 하만은 박살 날지어다. 모르드개는 승리할지어다." 나중에 내가 이런 기도를 했다는 것을 아내에게 증거로 남기기 위해 웃으면서 선포했다. "오늘 밤에 하만이 초상나는 날이다. 모르드개가 승리하는 날이다", "오늘 밤에 하만은 박살 날지어다. 하만 너는 오늘 밤에 끝장이다. 모르드개는 승리할지어다." 그리고 밤새도록 면역세포에게 힘을 불어넣으면서 응원했다. "하나님, 과정이야 어찌 되든지 다음 주에는 꼭 퇴원하게 될 줄 믿습니다." 밤새도록 기도하고 선포하였다.

야곱처럼 밤새도록 씨름한 다음 날 아침, 담당 의사가 왔다. "정용현 씨, 엊저녁과 같은 상태가 계속되면 다음 주 퇴원을 고려해봐야겠는데요." 그럼에도 나는 "과정이야 어쨌든 간에 하나님은 다음 주에는 꼭 퇴원시켜주실 것을 믿습니다"라고 기도하였다. 나는 왜 '과정이야 어쨌든 간에…'라는 기도를 했을까. 만약 그 기도가 아니라 '즉시 치료하여 퇴원시켜주실 줄 믿습니다'라고 기도했다면 수요일 밤의 이런 씨름은 하지 않아도 될 수 있지 않았을까. 하지만 하나님이 그렇게 기도하도록 하신 것도 다 뜻이 있어서 그러신 것이라 믿는다.

밤새도록 씨름한 다음 날은 1995년 5월 8일 어버이날이었다. 많은 환자들이 외출해 병실이 텅텅 비었다. 병원에 다닌 후 한 번도 샤워를 못 했는데 샤워를 하고 싶었다. 샤워를 하고 체온계로 체온을 재어보았다. 36℃가 채 되지를 않았다. 아픈 이후에 계속 37℃가 넘었는데 일시적 현상인가 하여 계속 체온을 재었다. 체온이 정상이다. 그렇다고 문제가 다 해결된 것은 아니다. 가슴에 있는 농 상처가 다 치료되어야 했다.

세 번째 주일이 지난 월요일, 가슴의 농이 치료되었는지 처음으로 사진을 찍었다. 많이 떨렸다. 가슴이 두근거렸다. 그럼에도 "하나님 어떤 일이 있어도 이번 주에는 꼭 퇴원할 줄 믿습니다"라고 기도했다. 그리고 다음 날 의사가 왔다.

"정용현 씨, 가슴의 상처가 흔적도 없이 사라졌습니다."

합력하여 선을 이루시다

· · ·

그리하여 하나님이 응답해주신 날짜에 퇴원하였다. 옷을 갈아입고 구두를 신는데 묘한 감정이 일어났다. "구두야, 내가 다시는 너를 신을 수 있을는지 앞이 캄캄하였지만, 오늘 다시 나를 찾아주어서 고맙다." 하나님은 다시 나에게 구두를 신을 수 있는 기회를 허락하셨다.

퇴원을 하면서 담당 의사에게 감사인사를 하였다. 아마 여의사였지만 죽는 사람 살려서 돌려보낸다는 뿌듯한 마음이 들었을 것이다.

집으로 오는 길에 대학로 길을 걸었다. 이전에는 환자복을 입고 한두 번 나왔는데 건강이 회복되어 퇴원하고 대학로 길을 걸으니 하늘을 나는 기분이었다. 종로에 가서 기념 반지를 하나 사서 집으로 돌아왔다. 평소에 걷는 걸음이 아니었으며 평소에 타는 전철이 아니었다. 딴 세상에 와서 걷는 걸음이었고 딴 세상의 전철이었다.

드디어 집에 도착했다. 아무도 봐주는 사람이 없는데도 어찌나 감격스러운지 문을 열고 문턱을 넘는 순간에 또 감회가 몰려왔다. 이 문턱을 넘어서 방 안으로 들어갈 수 있을는지 싶었는데 그 감격이야 어떻게 말로 다 표현할 수 있었겠는가. 그리고 교회에 가서 감사기도를 드렸다. 하나님 감사합니다. 교회에 오지 못할 수도 있었는데 다시 와서 목회할 기회를 주셔서 감사합니다. 덤으로 사는 삶을 주셔서 감사합니다. 감사합니다.

부평 중앙병원, 부천 성가병원, 서울대병원을 통하여 40여 일 동안 하나님께서 나를 어루만지시고 고치셨다. 패혈증으로 3일밖에 살지 못한다는 사형선고를 받았지만, 하나님의 은혜로 서울대병원까지 갔다. 지역의 병원과 서울대병원은 의사의 실력도 실력이겠지만 의료시설 즉 기계가 다 판독을 해주는 것이 큰 차이임을 알게 되었다. 정확한 판독의 결과로 정확한 진단을 하게 되었고 거기에 맞는 약을 투약함으로써 수술을 하지 않고 퇴원하게 되었다. 마찬가지로 하나님도 인간들의 문제를 정확히 판독하셔서 예수님을 보내시어 십자가에 못박혀 돌아가시게 하셨고 그 예수님을 믿음으로써 구원받는 정확한 치료를 해주신다.

그동안의 과정을 생각해보면 하나님은 임마누엘교회 성도는 물론 가족, 친척, 특히 부천산성교회 성도들까지 기도할 사람들을 다 예비해두셨고 또 노회를 하는 날에 사형선고를 내림으로써 노회 목사님 장로님들까지 다 기도자로 예비하셨다.

또 한 가지는 재정적인 문제인데 세 군데 병원을 거치면서 40여 일 동안 나온 병원비는 의료보험 포함 1,800만 원으로, 600만 원의 현금이 필요했다. 나는 개척교회를 운영하면서 생활도 빠듯하게 해나가고 있는 실정이었다. 어디서 600만 원이라는 병원비가 나왔을까. 하나님은 나에게 사형선고를 받게 하심으로 부조금이나 다름없는 돈이 들어오게 하셨고 두 번째는 노회 하는 날로 죽는 날을 정하심으로 노회원들이 헌금하게 해주셨다. 그리고 퇴원 후에 집에 오면서 기념반지를 하나 맞추고 나니 이스라엘 백성들의 광야생활 만나처럼 모자라지도 남지도 않았다.

"또 그 땅의 소산물을 먹은 다음 날에 만나가 그쳤으니 이스라엘 사람들이 다시는 만나를 얻지 못하였고 그 해에 가나안 땅의 소출을 먹었더라"(수5:12).

하나님은 나를 향하여 다 계획을 세우셨다. 모든 것 곧 기도할 사람과 재정까지도 다 준비하셔서 나를 그 계획 속에 밀어 넣으심으로 나를 향하신 하나님의 뜻을 이루셨다. 그로 인하여 나는 두 번째 삶을 맞았고 덤으로 사는 인생으로 하나님께 영광 돌리는 삶을 살게 되었다. 하나님은 합력하여 선을 이루시는 분이시다. 이 모든 영광을 하나님께 돌려드린다.

"우리가 알거니와 하나님을 사랑하는 자 곧 그의 뜻대로 부르심을 입은 자들에게는 모든 것이 합력하여 선을 이루느니라"(롬8:28).

6장 정순자 사모의 인생 이야기

전남 담양에서의 어린 시절

• • •

나는 오빠 3명 언니 1명, 7남매 중 5번째로 태어났다, 부모님은
농사를 지으면서 방앗간 일을 하셨다. 나는 설 명절 전 대목에 태어
났다. 어머니는 몸조리도 못 하시고 일을 하셨기 때문에 나는 어머니
돌봄도 제대로 받지 못하였으며 환영을 받지도 못하였다. 게다가 다
른 형제들 가운데 나만 얼굴색이 검고 못생겼다 하여 주위에서는 다
리 밑에서 주워왔다고 놀려대었다. 당시 집 주변에 다리가 하나 있었
고 거지들이 살았었는데 나를 낳으신 어머니가 다리 밑에서 사나 하
고 찾아가서 울었던 일도 있다.

나의 유일한 낙은 교회 다니는 것이었다. 이유는 교회선생님이 사
랑해주고 칭찬해주었기 때문이다. 중학교 들어가면서부터는 주일학
교 교사도 하고 성가대와 청소, 예배드리는 곳이면 심지어 구역예배
까지 한 번도 빠지지 않았다. 또 방언도 받고 예언 은사까지 받았다.

우리 집은 주일날이면 더 바빴다. 방앗간에 일할 사람이 없어 셋
째 오빠 혼자 일했기에 예배 끝나고 빨리 오지 않는다고 화풀이를 하
였다. 나는 울면서 생각했다. 온 가족이 예수 믿어 주일날이면 예배만
드리고, 평일에는 가족들이 모여 날마다 예배드리는 가정으로 시집가
고 싶다. 가난해도 좋다. 주일날이면 평안한 가운데 하루를 보냈으면
했다.

사랑하는 님을 만나다

• • •

그러던 중에 부산에서 시골에 있는 교회를 돕기 위해 안수집사님과 선생님들이 와서 여름성경학교 봉사를 하였다. 점심을 올케 집사님이 대접해드렸는데 너무 맛있다면서 누가 준비했느냐 물으셨고 올케 집사님이 '우리 아가씨가 준비했다'고 했다. 그러자 이렇게 음식 솜씨가 좋은 아가씨에게 총각을 소개해주겠다고 하였다.

몇 달 후에 집사님이 교회 교육전도사님을 소개하여 광주 다방에서 만났다. 첫인상은 별로였지만 전도사님과 같이 광주 호남신학교를 한 바퀴 돌면서 이야기하는 가운데 오직 예수님으로 충만한 삶을 사시는 것 같은 느낌이 들었다.

그 후 집사님의 재촉과 전도사님의 편지를 받고 청혼을 받아들였다. 사실 바로 결혼할 마음은 없었지만, 주일날 예배도 제대로 드리지 못하게 하는 오빠의 그늘에서 탈출하고 싶은 마음에 결심했다. 결혼은 일사천리로 진행되었다. 결혼 전에 3번을 만났는데 첫 번째는 선보는 날, 두 번째는 전도사님이 오셔서 우리 가족에게 인사드리고 결혼 날짜 잡는 날, 세 번째는 예단을 주고받는 날이었다. 결혼식 전날에는 중매하시는 집사님 집에서 잤다. 이렇게 3개월 만에 결혼식을 했다. 결혼식은 부산에서 했는데 형제와 친척, 친구와 성도들은 신랑 측에서 보내준 관광버스를 통해 부산으로 왔다. 그런데 예식이 끝나고 폐백드리고 있을 때 형제, 친척, 친구, 성도들이 다 간다고 하는 것이다. 눈물이 앞을 가려 더 이상 절을 할 수가 없었다. 그래서 시댁의 모든 친척이 다 모이라고 해서 한 번에 절을 하고 식을 마쳤다.

고향 사람들이 다 가버리고 나 혼자 남으니 너무나 슬펐다. 25년 간 한 번도 집을 떠난 적이 없었는데 이제는 부모님 곁을 떠나 산다고 생각하니 너무 슬퍼, 즐거워야 할 날임에도 많이 울었던 것 같다. 신혼여행도 못 가고 해운대 해변가를 걸으며 이야기하다가 호텔에 들어가 하룻밤 자고 이튿날인 수요일에 친정집으로 왔다. 친정집에 왔을 때 너무 좋았다. 그런데 남편은 수요예배를 마친 친정교회 청년들에게 발바닥을 엄청나게 맞았다. 발바닥을 맞으며 그동안 지치고 피곤해진 몸을 풀라는 의미가 있는 것 같았다.

나는 친정집에서 이틀을 쉬고 부산으로 갔다. 그리고 토요일에 울산중앙교회 교육전도사로 시무하기 위해 울산으로 내려갔다. 부산에서 기차 타고 2시간 거리다. 새댁이라 한복을 입고 울산에 도착했다. 전도사님이 중국집에 가서 점심으로 자장면을 사주셨다. 시골 처녀가 생전 처음 먹는 음식이라 어떻게 먹어야 하는지 몰라 할 때 전도사님이 젓가락으로 비벼주었다. 입술과 옷에 묻을까 봐 잘 먹지도 못하였고 맛도 없는 것 같았다. 그래서 조금 먹다가 말았는데 전도사님은 맛있게 먹었다. 귀한 것을 사주었는데 내 입에는 별로였다. 주일 낮 예배 때 신혼부부 나와서 특송하라고 했다. 그래서 찬송가 88장 〈내 진정 사모하는〉을 불렀는데 부끄러워 잘 부르지를 못했다.

부산에서의 결혼생활

• • •

부산에서 시어머니, 남동생 2명, 여동생 1명, 우리 이렇게 6명이 살았다. 시어머니와 새벽기도를 같이 갔다 왔고 아침 6시에는 온 가족과 가정예배를 매일 드렸다. 너무 즐겁고 행복했다. 정말 온 식구가 날마다 예배드리는 것이 기쁨이요 즐거움이었다. 결혼하기 전에 내가 그리던 꿈이 이루어졌다. 감사하면서 행복하게 살았다.

남편은 신학교 다니고 나는 시어머니와 TV에서 나오는 요리법을 배웠다. 자갈치시장에서 재료를 사다가 요리를 하여 남편 도시락에 넣어주면 친구들이 뺏어 먹으려고 야단들이었다고 한다. 그 가운데 특히 인기 있었던 것은 쥐치를 갈아서 튀김을 한 것이었다. 전에는 TV에 요리 프로그램이 밤에만 나왔는데 처음으로 낮에도 나와서 요리를 잘 배웠다.

교회는 울산중앙교회에 시무하고 있었기에 토요일과 주일에 말씀을 가르쳤다. 주일 밤까지 예배를 마치고 교회 방에서 잤고 월요일이면 시간적인 여유도 있었기에 울산에서 부산까지 기차를 타고 내려오면서 이곳저곳에 내렸다. 그리고 바다에 풍덩 들어가서 해수욕을 하곤 하였다. 1년 동안 아주 신바람 나는 신혼여행을 즐겼다. 그러다가 부산진교회로 옮기면서 나도 주일학교 교사로 봉사했고 첫째 딸을 출산하였다.

서울에서의 목회생활

...

남편이 서울 광나루 장로회신학대학교에 가야 했기에 교회도 서울 필동 동원교회로 옮겨서 시무하게 되었다. 적은 돈으로 집을 얻을 수가 없어서 언니 집에서 한 달간 살다가 겨우 봉천동 언니 집 옆에 150만 원짜리 전세를 얻어 그곳에서 아이를 키우면서 생활하였다. 그때 교회로부터 생활비 10만 원을 받았는데 그걸로는 생활이 되지 않았다. 남편 교통비, 점심, 책값을 주고 나면 남는 몇만 원만 가지고 살아야 했기에 결국 부업을 하였다. 아이가 어려서 밖에 나가 돈을 벌 수가 없기에 집에서 인형 솜 넣기와 성경책에 색칠하기 부업을 하였다. 또 언니로부터 많은 도움도 받았다. 그 후 전임전도사로 시무하면서 교회에서 사택을 제공받았다. 그렇게 필동으로 이사하여 거기서 둘째 딸을 낳았다.

남편 목사님이 쓰러지다

...

그 후 부천산성교회 부목사님으로 5년 동안 시무하다가 1990년 10월 인천 부개동에 개척을 하였다. 지하에 2,000만 원짜리 전세를 얻었는데 정작 사택 얻을 돈이 없었다. 당시 부천 상동 판자촌에 얻은 집은 연탄을 때는 부엌과 방 하나가 있는 보증금 50만 원, 월세가 6

만 원인 곳이었다. 집 옆에는 공중화장실이 5~6개가 붙어있었고, 온갖 악취가 나는 하수도 물이 흘러가는 곳에 집이 있었다. 그러다 보니 생활이 말이 아니었다. 큰딸이 초등학교 2학년, 작은딸이 유치원생이었는데 자녀들 학원은커녕 우유 하나 제대로 사 먹이지 못하고 살았다.

주님께 죽도록 충성하랴, 밥만 먹으면 낮에는 전도하고 밤에는 기도했다. 한 명도 안 다니던 교회가 매일 전도와 기도를 통해 주일학교로 시작하여 장년부도 부흥하였다. 개척한 지 5년째 되는 해에 남편 목사님이 어깨가 아프다며 물리치료를 받아야 한다고 했다. 입원하여 물리치료를 받다가 그 병이 더 악화되어 큰 병원으로 옮겼는데 그 병원에서 패혈증이라며 3일밖에 살지 못한다고 하였다.

나는 앞이 캄캄하였다. 이제 교회도 부흥되어 가는 중인데 자녀들은 어리고 나는 아무런 능력도 없었다. 어떻게 살아가야 하나 하다가 언니가 와서 남편을 언니에게 부탁하고 병원 앞에 있는 교회에 가서 눈물로 기도했다. 그 교회 담임목사님이 나와서 무슨 일 있느냐고 묻기에 우리 목사님이 3일밖에 못 사신다고 답했더니 자기 교회로 모시고 오라고 하였다. 기분이 상하여 그 교회 갈 바에야 우리 교회로 모시겠다 하고 나와버렸다.

그런 후 응급실로 가서 보니 남편이 없어졌다. 주변 사람들에게 물어보니 영안실로 갔다고 했다. 그래서 울면서 영안실로 가는데 간호사가 '정용현 씨 중환자실로 들어갔다'고 하여 마음이 놓였다. 그날이 토요일, 다음 날이 부활주일이었다. 주일날은 교회에 가서 예배를 드리는데 완전히 초상집 분위기였다. 초신자들은 "하나님 우리 목사님 살려주세요. 하나님이 살아계신다면 우리 목사님 살려주세요"라고 울면서 기도하였다. 그때는 처음으로 예수 믿는 사람들이 많아 직분자는 소수였다. 그래서 우리 목사님 살려주시면 나 예수님 잘 믿을게요 하며 기도하였다.

다음 날 월요일은 3일째 되는, 죽는다는 날이었다. 나는 이왕 죽을 바에야 서울대병원에라도 한번 가보자고 하였다. 그런데 담당 의사는 이대로 가면 가다가 죽는다고 수혈을 받고 가라고 하였다. 그래서 수소문하여 경찰 5명을 데리고 왔다. 그런데 그들 5명의 수혈을 다 받으면 하루가 다 갈 것 같았다. 그래서 한 명의 수혈만 받고 가겠다고 했다. 119구급차를 타고 서울대병원으로 향하는데 그 사이에 혹시 죽을까 봐 차 안에서 목사님의 머리부터 발끝까지를 만지면서 기도하였다.

서울대병원까지 순식간에 도착했다. 응급실은 전국에서 온 환자들로 통로까지 가득 차있었다. 응급실에서 치료를 받는 동안 옆에 있는 사람들이 죽어 나갔다. 이 모습을 보면서 '우리 목사님도 저렇게 죽어가면 안 되는데…' 하고 속으로 울면서 기도했다. 주님 도와주세요. 살려주세요. 기도할 때마다 마음에 확신이 왔다. 하나님께서 우리 목사님 꼭 살려주실 것이라는 믿음이 왔다. 목사님을 죽게 내버려두지 않으셨고 입원한 지 40일 만에 완전히 건강하게 회복하여 집으로 오게 해주셨다.

나의 부부생활

. . .

연애 한번 해보지 못하고 오직 믿음으로 생활하다가 세 번만 만나 결혼을 해서 살려니 정이 하나도 들지 않았다. 사랑도 없고 정도 없고 다른 부부들처럼 사랑 고백 한번 못 하고 살았다. 남편은 성격이 예민 하고 새벽기도 한 번 빠졌다고 난리를 칠 만큼 완벽하고 준비성이 많 은 사람이었다. 반면 나는 낙천적이고 대충대충 하는 성격이어서 상 처도 잘 받지 않는 편이었다. 남편은 나의 그런 성격을 싫어했고 나 또한 남편의 성격이 싫어서 참으로 많이 싸웠다.

성격 차이로 서로 소통이 되지 않아 몸부림치다가 남편이 서점에 서 부부에 관한 책을 사 온 후 부부사역에 참여하였다. 그동안 남편은 자신의 아픔 때문에 많이 괴로워한 것 같았다. 그래서 은근히 내가 자 신의 힘든 마음을 공감하고, 경청해주길 바란 것이다. 그러나 나는 정 도 사랑도 없었을 뿐 아니라 그런 지식도 없었기에 남편의 그런 마음 을 읽어주지 못하였다.

가정사역을 통해 자기 마음을 터놓고 치료를 받는 과정에서 남편의 아픔을 알게 되었고 내가 알지 못했던 나의 모습도 보게 되었다. 그러면서 많은 치료가 일어났고 성숙하는 계기가 되었다. 결과적으로는 남편이 힘들어하고 괴로워할 때 내가 어루만져주지 못한 것이 오히려 남편을 몸부림치도록 만들었다. 그로 인한 고통은 엄청났겠지만 대신 하나님께 매달려서 치유를 받아 많은 사람들의 아픔을 어루만지는 치유사역자가 된 것이 아닌가 생각하면서 하나님께 감사를 드린다. 하나님은 합력하여 선을 이루신 것이다.

치매가 있으신 친정어머님을 모시다

• • •

다른 자녀들은 다 사회생활을 하였지만 나는 결혼 전까지 오로지 어머니 옆에서 방앗간 일을 도우면서 성장하고 자랐다. 부산으로 시집을 가고 또 서울, 부천, 인천으로 이사를 와서 어머니를 자주 찾아뵙지도 못하였다. 사실 형제자매 가운데 내가 제일 가난하여 해 드린 것 없이 어머니의 사랑만 받았다. 그러는 중에 교회가 있던 지역이 재개발되어서 교회를 조용한 곳으로 이전하게 되었다. 이제야 나는 마음의 여유가 좀 생겨서 어머니를 뵙기로 하고 어머니가 계신 담양으로 향하였다.

그런데 93세인 어머니의 우울증과 더불어 치매 상태가 심상치가 않았다. 집으로 오려니 도저히 어머니 혼자 두고 발걸음이 떨어지지 않았다. 남편 목사님이 어머님을 모시고 오라는 전화를 하였다. 나는 어머니께 전화를 바꿔 드렸다. 딸들은 졸라대었고 어머니도 고민을 많이 하시고 우시기도 많이 하셨는데 결국 우리 집으로 오고자 하셨다. 우리는 어머님 마음이 변하기 전에 빨리 가야겠다 생각했다. 그래서 밤 11시에 준비를 한 후 아침 일찍 손자의 승용차를 타고 인천으로 모시고 올라왔다.

어머니는 집에 혼자 계시면 고생이고 큰아들이 병원에 입원하였으니 퇴원을 하면 당신을 요양원으로 보내지 않겠나 하여 그러기는 싫어서 왔다고 하셨다. 처음 집에 오셔서 "너무 좋다. 집이 작지도 크지도 아니하고 어쩌면 이렇게 좋게 잘 지었냐" 하시며 며칠은 좋아하셨다.

그런데 그다음부터는 아침마다 옷 보따리를 싸 가지고 집으로 가시겠다며 밖으로 나가 집에 들어오지 않으시려 하였다. 그러면 나는 어머니를 휠체어에 태워서 "엄마, 집으로 갑시다. 그런데 어디로 갈까요?" 했다. 나는 길을 모르니 어머니보고 인도해달라고 하였다. 어머니가 가르쳐주는 대로 가면 아무 말씀을 안 하시는데 내 마음대로 휠체어를 밀고 가면 욕을 하시고 엉뚱한 곳으로 간다, 글을 잘 보고 가지 글도 보지 않고 간다며 화를 내셨다. 어머니가 가르쳐주신 대로 가다가 집이 나오지 않으면 오늘은 너희 집으로 가서 자고 내일 아침에 버스 타고 가자 하시기를 6개월 동안 반복하였다.

그러다가 하루는 경찰의 도움을 요청하였다. 지금 할머니가 매일 집에 가시겠다고 하는데, 할머니가 제일 싫어하는 것이 요양원이니 이야기 좀 해달라고 했다. "할머니 요양원으로 가실래요, 따님 집으로 가실래요?" 하고 물었더니 딸 집으로 간다고 해서 경찰과 같이 집으로 모시고 왔다.

그다음부터는 밖으로 나가지 않으시고 집에서 말썽을 부리기 시작하셨다. 팬티에 실수를 하시고 나 밥 얻어먹으러 온 것 아니다, 우리 집은 엄청나게 잘산다, 집이 두 채나 있다 하셨다. "우리 집은 부자고 쌀도 많아. 할 일도 많아. 아들 밥도 해주어야 하고 빨래도 해주어야 하고 텃밭에 풀도 뽑아야 해." 여기서 살자니 당신을 불태워서 죽이려 하고, 가자니 아들에게 맞아 죽을 것 같고. 가도 걱정, 안 가도 걱정, 염려와 걱정에 사로잡혀 혼자 괴로워 온갖 인상을 찌푸리시면서 우시기도 했다.

그러다가 갑자기 "나의 살던 고향은, 꽃피는 산골" 하며 〈고향의 봄〉을 부르시다가 우셨고 나의 딸과 손자들이 오면 새끼들 줄줄이 데리고 와서 밥 먹는다고 야단을 치셨다. "내가 밥 먹는 것도 미안한데 남의 식구까지 와서 먹어. 가, 너희 집에 가서 밥 먹어" 하시면 손자들도 증조할머니 무섭다 하면서 작은방으로 들어가서 나오지 않으려 했다.

그리고 그렇게 욕을 해댔다. 도저히 말로 표현할 수 없는 욕을 하였다. 그 가운데 더 마음아프고 힘들었던 것은 독한 저주를 퍼붓는 일이었다. 치매 환자라는 것을 알면서도 어떻게 부모라는 분이 자식에게 저런 독한 저주를 퍼부을까? 너무 마음이 아팠지만 "까닭없는 저주는 참새가 떠도는 것과 제비가 날아가는 것 같이 이루어지지 아니하느니라"(잠26:2)라는 말씀에 위로를 받았다.

하루는 이 집주인 놈이 나를 쫓아다니면서 괴롭힌다, 교회에 가서 숨어 있었더니 교회까지 찾아와서 환장하게 한다, 내가 아기라도 배면 어떻게 되겠냐, 30살 먹어 시집도 안 가고 있는 줄을 어찌 알고 남자 놈들이 환장하게 쫓아다닌다고 하시면서 내일 아침에 일찍 집에 가서 살아야겠다고 하셨다.

남편 목사님에게 주일날이면 목사님이라 했다가 평일에는 집주인, 아저씨, 도둑놈, 경찰, 사기꾼 등등 사위를 알아보지 못하고 갖가지 이름을 붙여 부르셨다. 같이 사는 딸에게도 시집도 안 가고 남의 집에 와서 돈도 받지 않고 일만 해준다며 이렇게 말하셨다. "멍청한 년, 일만 죽어라 해주고 돈도 받지 못하고…. 우리 집으로 가서 너랑 나랑 같이 살자. 내가 돈 줄게. 빨리 도망가자. 이 집에서 못 살겠다. 무서워서 살 수 없다." 그리고 잠을 주무시고 일어나서는 어머니가 보고 싶다고 우셨다. 욕하시다가 내일은 시골집에 꼭 가야겠단다. 집에서는 마음대로 큰소리치면서 살았는데 울지도 못하고 큰소리 내지도 못하고 남의 집에서 내가 밥을 먹고 있을 수가 없다, 죽어도 집에 가서 죽어야지 왜 남의 집에서 죽어야 하나, 엄마 엄마 하고 우셨다.

세 살 먹은 아이가 엄마 찾아 우는 것처럼 우셨다. 〈고향의 봄〉을 부르시다가, 우시는 생활을 3년 3개월 동안 반복하셨다. 생각해보면 어머니가 오신 후에 하루도 편한 날이 없었던 것 같다. 어머니가 화가 나면 물건도 던지고 욕도 하시고 옆에 있을 수가 없었다. 그래서 2층의 교회에 있다가 조용해지면 집으로 내려오곤 하였다.

2022년 9월 10일 추석날 아침부터는 침대에서 일어나지도 못하시고 말도 못하시고 밥도 잡수지 못하셨다. 그때부터 혼자는 잡수시질 못해 밥도 숟가락으로 떠서 드려야 했다. 대소변도 다 받아내어야 했고 하루에 7~8회 기저귀도 갈아드려야 했다.

어느 순간 식사도 좀 잡수시고 잠도 잘 주무시고 조금씩 좋아지는 것 같았다. 침대를 세워서 한참 동안 앉아 놀기도 하시고 필요한 말씀도 하셨다. 그렇게 2023년 1월 3일까지 잘 잡수시고 잘 주무셨다.

그날 점심까지 잘 잡수셨는데 저녁 6시에 침대에 많이 토하셨다. 나는 점심 잡수신 것이 잘못되었나 하였는데 다음 날 아침에도 또 토하셨다. 그래서 혹시 체하신 것이 아닌가 하여 약을 지어드렸다. 그러다가 출장 의사 선생님을 불러 영양제까지 맞혀드렸다. 영양제를 맞혔음에도 소변은 나오지 않고 입으로 다 토해내셨다. 계속 고통스러워 하시면서 끙끙 앓으셨다.

그런 모습을 보고 오늘 목욕은 마지막일 수도 있겠다 하여 깨끗이 정성스럽게 목욕을 시켜드렸다. 예배를 드리고 계속 찬송을 부르고 기도도 하였다. 그러고 나서 우리가 점심을 먹는데 어머니가 갑자기 숨을 몰아쉬셨다. 그래서 가 봤더니 이미 돌아가신 후였다.

3년 3개월, 햇수로는 5년 동안 어머니를 모셨다. 하나님 은혜로 장례도 은혜롭게 치르게 되었고 한 달 후에 큰딸도 결혼시켰다. 우리가 어머니에게 해드릴 수 있는 것은 이제 끝났다. 이 땅에서의 어머니의 마지막을 섬길 수 있게 해주신 하나님께 감사를 드린다.

Part 2. 나는 치유사역 교재였다

이유 없이 흔들리는 나무는 없다

1장 속사람의 내적치유

가정사역, 보인다 보여!

· · ·

개척교회를 하면서 많은 부부가 갈등하고 아파하고 견디다 못해 이혼까지 하고 있다는 것을 발견하였다. 어떻게 하면 이들을 도울 수 있을까 고민하던 중에 서점에서 책을 구입하여 '가정사역' 공부를 하였다. 모든 성도들이 모두 재미있어하였다. 그런데 공부를 다 마쳤는데도 변화가 하나도 일어나지 않았다. 왜 그럴까? 왜 변화가 일어나지 않을까 고민하다가 변화는 머리로, 이론으로, 지식으로 일어나지 않는다는 것을 알게 되었다. 결국 '내가 문제일 수 있다'는 생각을 하게 되었다.

그래서 전화를 한 곳이 크리스천 가정사역 센터 김종주 장로님이었다. 나는 찾아가서 여기 공부를 하고 싶다 하면서 등록을 했다. 가정사역 공부는 리더를 중심으로 가정마다 돌아가면서 모였다. 1995년 당시에는 가정사역 초기라서 리더가 없었다. 그래서 인천 부개동에서 용인까지 가서 참석하였는데 한 번 참석을 하고 병원에 입원하는 바람에 더 이상 가정사역을 할 수 없었다.

나는 서울대병원에 입원해있는 동안 기도하면서 깨달았다. 내가 어렸을 때부터 사탄이 나를 죽이려고 치료받지 못하게 방해한다는 것을 말이다. 나의 형제자매들 8남매 중에 5명이 저세상으로 갔는데 나도 3일 사형선고를 받았다. 하나님이 붙잡아주시지 않으셨다면 나도 벌써 저세상 사람이 되었을 것이다. 그런 내가 치유를 받으려 하니 사탄이 방해를 놓은 것이다. 그래서 퇴원을 앞두고 "하나님, 내가 퇴원하면 죽을 때까지 가정사역 하겠습니다. 그래서 많은 사람들을 치료하고 가정을 회복시키는 일을 하겠습니다"라고 기도하였다.

나는 40여 일간의 입원치료 끝에 몸에 칼 하나 대지 않고 하나님의 은혜로 완전히 건강을 회복하여 퇴원했다. 퇴원 후 나는 기도한 대로 어떠한 사탄의 장난이 있더라도 가정사역을 하겠다는 마음을 다시 굳히게 되었고 크리스천 가정사역 세미나 제6기에 재입학하였다. 공부는 총 12회로 한 달에 두 번 모이는 6개월 과정이었다. 다섯 부부가 하나의 팀이 되어 각 가정에 돌아가며 모여 식사를 대접했다. 식후에 리더가 교재를 중심으로 프로그램을 진행했다. 그리고 그 과정에 내적치유 프로그램도 있다.

가정사역이 진행되는 동안 나는 내 속에 뭉쳐진 응어리를 발견하였고 그 응어리를 하나하나 풀어가기 시작했다. 그 가운데 아버지에게 눌린 감정을 이야기할 때는 그동안 잊어버렸다고 생각했던 분노의 감정이 올라오면서 가슴이 뛰고 숨이 가쁘며 온몸이 떨리기까지 했다.

"아버지, 왜 술만 마시고 오시면 밥상을 집어 던지시고 어머니의 머리채를 잡아당기셨으며 밤새도록 구시렁거리면서 자녀들을 괴롭혔어요? 아버지 왜 그러셨어요?"

아무런 대답도 없는 아버지에게 나는 계속 내가 아팠던 기억들을 토해내었다. 그러면서 점점 나 자신의 정체를 발견하기 시작하였고 나의 가계에 죽음의 영이 흐르고 있다는 것을 발견하여 내 속에 역사하는 죽음의 영을 저주하였다. 그로 인하여 나의 마음은 많은 평안을 얻게 되었다.

그리고 최현주 목사님의 『위장된 분노의 치유』, 매튜 린과 데니스 린의 『마음의 상처 이렇게 치유하라』 등 다양한 책을 읽는 중에 하나님이 나 같은 사람을 부르신 이유가 있구나 하고 깨달았다. 이때까지는 나 혼자만의 아픔이라 생각하고 힘들어하고 몸부림쳤는데 이 땅에는 나보다 더 엄청난 상처로 인하여 가슴 아파하며 마음의 한을 품고 살아가는 성인 자아, 역기능 가정이 얼마나 많은가를 생각하면서 하나님이 나에게 이러한 자들을 위로하라고 이 엄청난 역기능 속에 몰아넣으셨구나 하면서 하나님 앞에 위로를 받으면서 감사드렸다.

그 과정을 통하여 나 자신이 조금씩 보이게 되었고 나 자신의 정체를 어느 정도 알고 나니 더 이상 좋지 않은 행동과 습관을 반복하지 않으려고 노력하였다. 그리고 아내의 언어와 행동에 대해서도 어느 정도 이해함으로써 가정적으로도 많은 평안을 얻었다. 하나님은 나의 상처(Scar)를 고쳐 별(Star)로 만드셨고 그 결과 나는 상처 입은 치유자, 아픔으로 몸부림치는 자들을 품을 수 있는 사람으로 되어갔다.

아내의 치유, 다를 뿐이지 틀린 것은 아니구나

· · ·

가정사역 초급 6개월 과정에 리더의 사정으로 내적치유를 하지 못하였다. 팀원들은 안타까워했고 특히 나만큼은 치유를 받아야 한다고 주위에서 권했다. 나 자신도 가장 먼저 받고자 하였다. 나에게는 절실했는데 너무 안타까웠다. 그러다가 중급과정에서 드디어 내적치유 날짜가 잡혔다. 1996년 8월 2~3일 남양주 오남리 ○○교회에서 조원욱 교수님을 모시고 진행하기로 했다. 나는 경제적인 어려움으로 많이 고민했다. 그러던 중 결단하기에 이르렀고 기도하였다. 그런데 그 주간에 학생회 수련회로 인하여 목이 너무 쉬어버렸다. 내일모레가 치유받는 날인데 이렇게 목이 쉬어 어떡하나, 기도하기 시작했고 약도 두 번이나 사 먹어가면서 목을 회복시켰다.

당일 오후 6시 30분부터 치유사역이 시작되었다. 5쌍의 부부와 리더까지 11명이 모였다. 첫날은 식사하고 오리엔테이션과 강의만 듣고 잠자리에 들었다. 그런데 그 교회 목사님이 내적치유를 한다는 말을 듣고 다음 날 오후 5시까지만 교회당 사용을 허락했다. 당시만 해도 초창기였기에 이해를 제대로 하지 못한 것이었다. 24시간 안에 10명의 치유사역을 해야 했다. 잠자는 시간과 식사시간, 강의시간을 빼고 나면 시간이 없다. 내가 제일 조급했다. 왜냐하면 힘들게 회비를 준비했고 치유할 것이 많아 나 혼자만 해도 몇 시간이 될 수 있었기 때문이다. 나는 "하나님, 내가 이번 기회에 꼭 치료받고 싶습니다. 하나님, 나를 고쳐 주세요"하고 기도했다. 다시 이런 기회가 안 올지도 모르는 일이었다. 나는 너무나 간절했다.

다음 날 아침 식사를 마친 후 제일 먼저 아내의 치유가 시작되었다. 그동안 쌓인 감정이 폭발하기 시작하였는데 참으로 어이없는 것까지 끄집어냈다. 나는 화가 났고 자존심이 다 무너지는 기분이었다.

"교회를 개척하면서 단칸방에서 살았는데 바로 옆에 온갖 폐수가 흐르는 도랑, 여러 개의 공중화장실로 인해서 엄청나게 무더웠고 냄새가 많이 났었습니다. 자녀들에게 요구르트나 옷 하나 제대로 사주지 못했습니다."

나는 '그러려면 목회자하고 결혼하지 말았어야지' 싶어서 한마디하려 했으나 리더 교수가 가만히 듣고 느끼고만 있으라 했다. 그 소리를 들으니 더 화가 치밀어올라 참을 수가 없었지만 억지로 참았다.

"교회에 빠진 성도들에게 전화하라 했습니다."

그동안 불만으로 가득했던 아내의 감정이 폭발하였다. 그때 사모팀원들이 "그래, 맞아"하며 동조하였다. 여자는 자존심도 없는가, 여자는 무쇠인가 하는 소리를 듣는 순간 정말로 화가 났지만 어쩔 수가 없었다. 그럼에도 계속 듣고만, 느끼고만 있었다.

나는 아내가 그런 문제로 자존심 상했을 거라고는 생각 못 했다. 단지 아내가 싫어한다는 것만 조금 느꼈다. 그래서 변명했더니 리더 교수는 또 가만히 들으면서 느끼기만 하란다. 화딱지가 나고 기가 막혔다. 분노가 폭발 직전이었다. 정말 남편을 죽이고 바보 만드는 사역이구나. 집으로 돌아가버리고 싶은 충동도 느꼈다. 그렇지만 참고 끝까지 견뎌냈다. 죽었다 생각하고 끝까지 견디면서 아내의 불만 가득했던 감정의 폭발을 머리로 생각하다가 마침내 가슴으로 느꼈다. 가슴으로 깊이 느끼면서 깨달았다.

'내가 짐작은 했지만 이렇게 깊이 느껴보지는 않았구나. 나는 나만 좋으면 다 되는 줄 알았는데, 아내의 인격이 다르고 자녀들의 인격이 각자 달랐구나.'

이 과정을 통하여 나는 이때까지 살아온 삶을 돌아보았다. 이때까지 내 명령을 따르지 않으면 얼굴을 붉히고 공포감을 심어주어서 어떻게든 명령에 순종하도록 하였는데 이제야 비로소 깨달은 것이다. 아! 아내도 인격이 있구나. 아내도 나와 다른 인격을 가지고 있구나. 그렇다면 자녀들도 각자 나와 다른 인격을 가지고 있을 것인데, 나는 이때까지 나만 인격이 있고 이들은 인격도 없는 것처럼 무시하고 살았구나. 다시는 아내나 자녀가 동의하지 않으면 싫은 것을 억지로 강요하지 말아야겠다고 생각하면서 그들 각자의 인격을 존중해주기로 작정했다.

나 자신의 내적치유

• • •

리더 교수님은 나를 보더니 나의 별칭을 '소(Cow)'라고 하였다. 목석. 기계, 모든 가족이나 사람들을 인격으로 보지 않고 하나의 기계 부속품이나 톱니바퀴로 보는, 죽자 살자 소처럼 일만 하는 사람이라고 하였다. 나는 그런 말이 무슨 뜻인지 이해가 가지 않았다. 교수님은 내게 한 번 치유해서는 안 된다 하시며 실망을 많이 주었다. 그러면서 교수님 자신도 나와 비슷한 유형인데 자기는 5번이나 치유를 받았다고 털어놓으면서 나도 적어도 5번 정도는 치유를 받아야 할 것이라고 하였다. 나는 어떻게 해야 할지 몰랐다.

다음 날이었다. 내가 아침 식사를 제일 먼저 하였는데 아침 식사 후에 리더 교수님은 나에게 누워있으라 하였다. 누운 채로 명상하면서 기도했다. "하나님 나의 좋지 못한 감정의 상처를 치료하여주소서. 이번 기회에 치료받지 못하면 안 됩니다." 하나님이 주신 기회를 놓치지 않기 위해 눈을 감고 간절히 기도하였다. 그런데 갑자기 눈물이 솟구쳐 올라왔다. 머리가 아파 왔다. 토할 것만 같았다. 기침이 나왔다. 온몸이 경직되면서 곧 숨이 멎을 것만 같았다. 지금 생각해보면 이것은 악한 영이 나가는 과정이었다.

나는 하나님께 '차라리 이렇게 살 바에는 내 생명을 거두어 달라'고 떼를 썼다. 그리고 나의 많은 상처를 보면서 괴로워했다. "주님, 너무 억울해요. 나는 예수를 믿는다 하면서도 내가 아닌 다른 나에게 붙잡혀서 살아왔어요. 예수님 도와주세요." 그렇게 억울해하고 기도하고 있는데 주님의 속삭임이 내 마음속에서 들려왔다.

'내가 이를 위해서 왔지 않느냐?'

이 소리를 들은 나는 너무 감격했다. 나 같은 인간의 아픔을 치료하시기 위해 예수님이 오셨다고요? 얼마나 감사한지 눈물이 쏟아졌고 온몸이 전율을 일으키며 신경이 곤두섰다. 서럽고 감사하고 억울하고 어떻게 표현해야 할지 몰랐다. 그러다 토로하기 시작하였다.

"예수님 저는 너무 억울해요. 이때까지의 나의 인생이, 나 아닌 다른 나에게 붙잡혀 살아왔어요. 예수님을 모시고 산다면서 실제 나를 운전하는 것은 내가 아닌 다른 사람이었어요. 다른 운전사에게 내가 붙잡혀 살아온 때가 많았어요. 마흔이 넘도록 이렇게 잘못된 인생을 살았다니 예수님, 정말 정말 너무 억울해요.

예수님 저는 또 너무 미워죽겠어요. 나는 태어날 때부터 온갖 아픔과 고통 속에 태어났는데 이 억울한 삶을 살게 한 장본인이 바로 아버지였어요. 술만 잡수시면 밤새도록 구시렁거리며 온갖 폭력을 행사한 아버지가 정말로 미웠단 말이에요. 나는 아버지가 술 잡수시러 나가시면 날마다 '오늘도 무사히…' 이렇게 기도했단 말이에요.

그러나 나의 희망은 뜬구름처럼 사라졌고 힘만 있으면 아버지를 꽁꽁 묶어 방에 가두고 싶었단 말이에요. 그로 인해 내 인생은 완전히 망가져버렸단 말이에요. 날마다 밤마다 불안과 공포의 나날을 무려 10년이나 앓았단 말이에요. 그도 한창 성장기에 말이에요. 내 인생을 이렇게 병들고 만신창이가 되게 만든 장본인이 아버지란 말이에요. 정말로 아버지가 미워요. 죽일 정도로 밉단 말이에요.

그로 인해 내가 당한 고통을 아버지는 천분의 일이라도 알 수 있을까요? 호흡이 제대로 되지 않아 가슴만 살아서 움직이고, 근육도 굳어질 대로 굳어 정서를 잃어버린 목석이 되었고, 날마다 긴장의 연속으로 머리나 굴리며 열심히 일해 열등감을 극복하고자 했으며, 감정이 굳어버려 기쁨을 기쁨으로 받아들이지 못하였고, 웃고 기뻐하는 사람을 오히려 정신 나간 사람으로 보았단 말이에요.

지금 나의 마음은 굳은 바윗덩어리 같다구요. 다른 사람들이 웃고 행복해할 때 나는 늘 울면서 날마다 인생을 비관했어요. 다들 무엇이 좋아 그렇게 웃고 있는지 웃는 그 입을 찢어버리고 싶었단 말이에요. 예수를 믿으면서도 감사 생활도, 항상 기뻐하라는 목사님의 설교도 웃기는 소리 말라며 비꼬면서 살았단 말이에요.

하나님, 이것이 인간입니까? 어떤 철학자는 태어났으면 가능한 한 빨리 죽는 것이 가장 행복한 인생이라 하였는데, 내가 태어날 때부터 마흔이 넘은 지금까지 이것이 사람의 삶이냐는 말입니다. 그토록 괴로워하며 몸부림치던 나의 인생을 보상하란 말이에요.

그런데 예수님, 감사해요. 이런 나 같은 인간을 치료하시기 위해 예수님이 오셨다고요? 정말 감사해요. 예수님 40여 년 생애 동안 너무너무 힘든 인생을 살았음에도, 그 누구 하나 알아주는 사람 없었는데 예수님이 그것을 알아주시니 감사합니다. 예수님이 이런 나를 치료하시러 오셨다니요. 예수님 감사합니다, 예수님 감사합니다."

하나님이 축복의 세상을 열어주시다

• • •

식사 후에 누워서 하나님께 기도하는 동안, 어떤 사람의 도움을 받기도 전에 예수님이 찾아오셔서 내 마음을 어루만져 치유해주셨다. 나의 아픈 마음, 상처 난 마음, 만신창이가 된 마음을 예수님의 피 묻은 손으로 만져주셨다.

> 주님과 같이 내 마음 만지는 분은 없네. 오랜 세월 찾아 난
> 알았네. 내겐 주밖에 없네.
>
> 조수아 <주님과 같이>

전체 식사가 끝나고 치유 시간이 되었다. 다른 분들은 아직 치유 준비가 덜 되어서 내가 리더 교수님과 팀원들의 도움으로 계속 치유

를 받았다. 주님의 어루만짐이 계속되었다. 은혜를 받고 치유의 체험을 한 나는 점심 식사를 하고 혼자 뒷동산에 올라갔다. 거기서 풀을 한 포기 발견하였는데 덩굴이 사방을 휘어 감아 제대로 자라지 못하고 있었다. '그래, 바로 너의 모습이 나의 모습이었구나' 하고 속으로 안타까워하였다.

그동안 나름대로 치유를 많이 경험했다. 그동안 세미나를 통하여 나 자신을 발견하고 참고 많이 절제도 해보았다. 그러나 나의 속에 다른 한 세력이 나보다 더 강한 힘을 가지고 정복할 때는 감당할 수 없었다.

그런데 치유 과정을 거치고 나니 막혔던 하수구가 뚫리듯이 가슴이 뻥 뚫렸고 큰 바윗덩어리를 뽑아낸 기분이었다. 얼마나 편안하고 홀가분한지 모른다. 조급하고 위축되었던 내가 이제는 자신감과 더불어 여유와 기쁨과 감사를 회복하게 되었다. 인생이 더 풍성해졌고 신앙도 더 풍성해지면서 하나님께 가까이 가는 삶이 이루어졌다. 또한, 굳어있던 근육이 풀림과 동시에 감정도 많이 풍부해지고 영적으로도 많이 밝아졌다.

뒷동산에 올라서 처음으로 이런 고백을 하였다.

"이전에는 내 마음을 그리라면 마치 여름에 소낙비를 잔뜩 머금은 시커먼 먹구름이 떠올랐다. 그래서 한번 소낙비가 쏟아져 내려야 마음이 편안했었는데, 지금 내 마음을 그리라면 구름 한 점 없는 푸른 가을 하늘을 그리고 싶다."

이제는 그렇게 많던 신경질도 다 없어진 것 같다. 더 이상 나에게 다른 자신은 나타나지 않았다. 정말 감사드린다.

나는 만나는 사람에게 하나님이 나에게 역사하심이 어떤 것이었는지 자랑하였다. 나에게 이제 정말 자유가 무엇인지 알게 해주신 하나님께 감사드린다. 하나님이 가정사역 센터를 세우시게 한 목적이 바로 나를 치유하시기 위해서라고 나는 자신 있게 말하고 싶다. 아직도 하나님이 보시기에 심히 좋았던 에덴동산이 만들어져가는 중이지만 내일을 하나님께 맡기면서, 남은 생을 하나님께 감사와 영광으로 돌려드린다.

돌아보면 나는 저주와 죽음의 가문에서 태어나 40여 년 동안 나 아닌 나에게 붙잡혀 살아왔었다. 이런 질병을 하나님이 허락하시지 않으셨더라면 내가 예수를 믿었을까. 또 쉽게 고칠 수 있는 질병이었더라면 내가 목회자가 되었을까. 이런 아픔이 없었더라면 아파하면서 몸부림을 치는 분들의 마음을 읽어줄 수 있었을까. 주님이 안 계셨더라면 나는 아직도 질병에 시달리고 두려움과 공포, 불안, 초조, 우울증에 빠져 어떻게 하면 잘 죽을까 연구만 하고 있었을지도 모른다. "고난당하기 전에는 내가 그릇 행하였더니 이제는 주의 말씀을 지키나이다"(시119:67). 그런데 '내가 이를 위해 왔지 않느냐'는 주님의 말씀처럼, 나를 위해 십자가에 달리신 예수님이 찾아오심으로 인하여 나에게 전인치유가 일어났고 진리가 너희를 자유케 하리라는 말씀이 나에게 이루어졌다.

치유사역자로 쓰임을 받다

. . .

치유를 체험한 나는 성도들에게도 알려야겠다 생각했다. 교회에 오자마자 내가 받은 이 은혜를 나눠주기 위해서 마음의 상처나 눌림 등등 치유를 받기 원하는 분은 다 모이라 했다. 그랬더니 7~8명이 모였다. 다음 날이 공휴일이어서 저녁 식사 후에 새벽까지 치유사역을 했다.

그런데 그 치유를 통하여 놀라운 하나님의 어루만짐이 나타났다. 40대 초반 여집사님은 남편에게 너무나 많이 눌려있었다. 남편이 식모 취급할 정도였다. 집사님은 치유사역 동안 한없이 울었다. 결혼해서 지금까지 쌓여온 모든 아픔들을 다 하나님 앞에 털어놓음으로 인해 많은 치유가 일어났다. 다음 날 집사님은 감출 수 없는 기쁜 마음을 가지고 왔다. 무엇이 그리 좋으시냐고 물었더니 심장이 나빠서 2층 계단에도 겨우 올라갔었는데 이제는 3층도 뛰어서 올라갈 수 있을 정도로 회복되었다 했다.

또 80살이 넘은 여집사님은 외아들을 키웠는데 아들이 결혼하여 며느리를 얻은 후부터 불행해졌다고 한다. 며느리에게 얼마나 구박을 받았는지 시어머니 대접은커녕 식모 대접도 받지 못해 날마다 울면서 눈물로 지새운 것이다. 그러다 보니 병이 생기어 약을 한 주먹씩 먹었다 한다. 그런데 그 치유를 받고 나서 약을 하나도 먹지 않아도 될 정도로 건강이 회복되었다 한다.

또 남자 성도 한 분은 일 중독자였다. 얼마나 심하면 직장에서 잠을 자면서 아내가 속옷과 식사까지 챙겨다 주었다. 아내는 남편이 미워 이혼까지 생각하였다. 그러한 그들이 가정사역에 참석하고 나서의 고백이다.

"저희 부부는 결혼 19년째입니다. 서로 다른 문화와 환경 속에서 생활하다 결혼하여 성격 차이로 오랜 시간 동안 괴로움을 겪어왔습니다. 서로 '돕는 배필'이 아니라 '바라는 배필'로서 서로 자기주장만 옳다고 내세우며 싸우다가 가정사역을 통하여 모든 것이 나 자신의 문제임을 인식하고 반성하며 서로를 이해하기 시작했습니다."

그러면서 10가지 받은 축복을 열거하였다. 첫째, 나 자신을 바라볼 수 있는 밝은 눈과 깨끗한 마음을 주셔서 나 자신이 살아났다. 둘째, 아내와의 관계가 회복되었다. 셋째, 자녀와의 관계도 회복되어 살맛 나는 가정이 되었다. 넷째, 부모와 형제, 자매 친척과의 관계도 회복되었다. 다섯째, 신앙이 성숙 되었다. 여섯째, 직장생활이 살아났다.

일곱째, 사회생활에서 대인관계가 원만해졌다. 여덟째, 물질의 축복도 받았다. 아홉째, 건강의 축복도 받았다. 열째, 나의 운명이 바뀌었다.

이렇게 나는 가정사역과 내적치유를 하면서 많은 심령들의 회복을 돕고 대외적으로는 크리스천 가정사역 리더, 지구촌 가정사역 리더 및 강사가 되었다. 많은 심령들이 치유되고 회복되어 이 땅에서 천국의 삶을 누리도록 돕는 사역자로서, 상처 입은 치유사역자로서 하나님께 영광을 돌리며 마귀에게 눌린 자를 자유케 하는 사역에 쓰임을 받았다.

2장 21세기 가정사역 연구소를 개원하다

가정사역 연구소를 개원하다

. . .

내적치유를 마치고 집에 왔다. 그런데 나도 모르게 신경이 예민해져서 신경질을 냈다. 그 모습을 본 아내는 나에게 '치료받았다는 사람이 그러냐'고 말했다. 그래서 나는 나 자신을 살펴보았다. 이전에 내가 신경질을 내는 것과 뭐가 달라진 것이 있는가 생각해보았다.

확실히 치유받기 이전과는 다른 것이 있었다. 이때까지 나는 내 속에 있는 분노로 오랫동안 몸부림쳤다. 그 분노는 활화산처럼 주기적으로 한 번씩 폭발해야 하는데 이슬처럼 한 방울 한 방울 쌓이다가 가득 채워지면 폭발하였다. 폭발할 때가 되었는데도 폭발하지 아니하면 신경이 예민해져서 아무것도 아닌 것에 시비를 걸고 신경질을 내며 싸움을 걸었다. 그러다가 한 번 폭발한 후에는 마음이 평온하고 너그러워진다. 그런데 치유받은 후에는 분노가 폭발할 때 가슴에 쌓여 있는 분노가 아닌, 이때까지 만들어진 습관 즉 머리에서 나온 것을 발견하게 되었다. 그래서 아내에게 아직 완전히 치유된 것이 아니니까 조금만 참으라고 말하였다.

나 자신이 점점 회복되어가면서 치유사역과 가정사역을 하였다. 그리고 더 이론적으로 더 전문가가 되기 위하여 임상목회 대학원에 입학하여 이론적인 뒷받침이 되는 내용을 공부하였다. 김성광 목사, 전성원 목사, 정태기 목사 등 훌륭한 강사들을 통하여 많은 공부를 하면서 계속 치유사역을 하였다. 그리고 임상목회 전문대학원 공부도 하여 심리상담사 1급 자격증까지 소유하게 되었다.

치유사역과 공부를 하면서 2000년에 정태기 목사님을 모시고 '21세기 가정사역 연구소'를 개원했다. 당시만 해도 가정사역을 하는 곳이 몇 군데밖에 없었기 때문에 수도권뿐만 아니라 지방에서까지 치유받기 위해 모여들었다. 처음에는 부부를 중심으로 사역하였는데 점점 각자의 우울증과 마음의 상처를 치유하는 방향으로 흘러갔다.

그러는 중에 권사님 한 분이 우울증으로 몸무게가 10kg이나 빠졌다. 권사님은 남편이 교회에서 여집사님들과 악수를 하는 그런 문제로 온 우울증이라 생각하여 남편을 먼저 상담하러 보냈다. 그래서 부부가 가정사역 및 치유를 받게 되었다. 가정상담과 치유를 하면서 처음에는 권사님 말대로 남편의 문제로 인해 마음에 상처가 남아 우울증이 온 것처럼 보였다. 그러나 에고그램 검사와 우울증 검사, 자존감 검사 등 각종 검사와 치유를 하면서 남편의 문제보다는 본인의 문제라는 것을 알게 되었다. 성장 과정에서 받은 어마어마한 상처들을 발견하였고 그 부분들을 치유받게 됨으로써 권사님은 일생 내내 누르고 있던 상처에서 벗어나서 자유를 누렸다.

이분들의 치유를 하면서 하나님께 감사했던 것이 있다. 당시 노회에서 단체 성지순례를 가는 기회가 있었는데 노회에서 많은 재정을 부담해주었다. 그런데도 나는 망설이고 있었는데 하나님께서 이들

부부를 치유사역에 보내셔서 한 번 올 때마다 20만 원씩 헌금해줬다. 그렇게 하나님의 은혜로 성지순례를 다녀왔다. 내게는 2가지 바람이 있었다. 첫 번째가 예수님이 사셨던 성지순례를 다녀오는 것이고 두 번째는 해부학적으로 사람 속에 무엇이 있는지 확인하는 것이었다. 그중 첫 번째 바람이 이루어졌다.

성지순례의 감격은 대단했다. 첫날 버스를 타고 이스라엘 백성들이 걸었던 광야 길을 걸었다. 풀 한 포기 찾아보기 힘든 광야였다. 가만히 있어도 땀이 주르륵 흘러내리는 무더운 길에서 '나 같아도 불평과 원망을 할 수밖에 없었을 것이다'라는 생각을 했다. 그러면서 광야 생활에서 불평하고 원망하다가 죽은 이스라엘 백성들도 오늘날 우리와 다른 것이 없음을 깨닫게 되었다. 그런 다음 예수님의 발자취를 따라 걸으면서 감회가 새로워졌고 말씀을 바라보는 눈이 새로워졌다.

예수님의 이름 앞에

• • •

한번은 가정사역 중에 교회를 빌려서 치유사역을 하였다. 장소를 빌려 지정된 날짜에 8명이 모였다. 한참 치유기도를 하는데 집사님 한 분에게서 귀신이 튀어나왔다. 나가지 않겠다고 발버둥을 쳤다. 그 집사님은 새벽기도에 한 번도 빠지지 않을 정도로 열심히 신앙생활을 하였다 한다. 그렇게 열심히 신앙생활을 하는 집사님인데 무슨 귀신이란 말인가!

지금까지 나는 축사사역은 하지 않고 내적치유만 하였다. 이론을 설명하기 위해 쥐에 비유해보겠다. 쥐가 있는데 먹을 것을 가득히 두고 쥐만 쫓아내려 한다면 잘 나가지 않는다. 혹시 쥐가 나갔더라도 먹을 것이 많으니 또 들어올 것이다. 여기서 쥐를 귀신으로 보고 먹을 음식을 마음의 상처로 보고 있다. 지금까지의 사역은 쥐를 쫓아내지 않아도 토설과 회개와 용서와 예수님의 피 뿌림으로 마음의 상처를 치유할 수 있었다. 쓰레기를 치우고 깨끗하게 만들면 귀신 먹이가 없어지므로 귀신이 거할 장소가 없어진다. 시간이 지남에 따라 귀신은 약해지든 거할 곳을 찾지 못하든 결국은 제 기능을 하지 못한다는 이론이다.

기도하다가 집사님 입을 통해 귀신이 나가지 않겠다고 발버둥을 쳤다. 예수님의 명령대로 예수님 이름으로 나가라고 참여자들이 귀신을 대적했지만, 계속 발버둥만 치면서 나가지를 않았다. 알고 보니 남편에 대한 미움이 가득 들어있었고 남편을 용서하지 않고 있었다. 그래서 귀신이 나가지 않은 것이었다.

그런 경험을 하면서 필요할 때는 귀신을 쫓아내어야 한다는 생각으로 축사사역을 사모했다. 그러다 기쁨의교회(이○선 목사) 축사사역에 참여하였다. 1년 정도 참석하면서 아직 나에게 남아 있는 쓰레기들을 처리하였다. 그리고 능력도 받아 협력사역자가 되어 2년 정도

사역하였다. 처음에는 내가 '예수님의 이름으로 이 사람 속에 있는 귀신아, 내가 네게 명하노니 나와라'라고 명령했는데 정말 그 사람 속에서 귀신이 말을 하는 것을 보면서 웃음이 나왔다. 귀신이 내 말을 듣다니…. 귀신이 내 말에 떨다니…. 귀신이 예수님 앞에 얼마나 힘없는 존재인지, 예수님이 나에게 주신 권세가 얼마나 큰지를 깨달았다.

축사사역을 하면서 귀신에게 예수님 이름으로 나가라고 명령하면 귀신이 집사님 입을 통해 나가지 않겠다 한다든지, 미움의 영이니 하면서 자기 이름을 댄다든지, 언제 들어왔느냐 물으니 낙심했을 때 등 들어 온 때를 말한다. 나가라고 했더니 억울해서 못 나가겠다고 울어댄다. 무엇이 억울하냐고 했더니 내가 이 사람 속에 들어와서 지금까지 집 짓느라 얼마나 고생했는데 나가라고 하느냐 한다. '예수님의 피, 성령의 불' 하자 뜨겁다며 바닥에 뒹굴기도 한다. 어떤 때는 나간다고 하면서 나간 체하고 숨기도 하며 온갖 거짓말로 나가지 않으려고 발버둥을 치기도 한다.

이 더러운 귀신들이 예수 믿는 것을 방해하고 말씀을 듣지 못하게 하고 기도하지 못하게 하며 온갖 사고를 일으키기도 한다. 귀신이 나갈 때는 조용히 나가는 때도 있지만, 경련을 일으키면서 나가기도 한다. 귀신은 대단한 힘을 가진 것처럼 보이지만 예수님 이름 앞에 두려워 떨며 숨을 곳을 찾기도 한다는 것들을 경험하였다.

사랑의 지팡이 운동

. . .

교회 표어가 '교회를 살맛 나게, 가정을 살맛 나게, 지역을 살맛 나게'이다. 이제는 지역을 살맛 나게 해야 한다. 그래서 '볼런티어크로스' 일명 '사랑의 지팡이 운동'을 소개받고 지부를 설립하였다. 사랑의 지팡이 운동은 전국 200여 개의 지부를 가진 조직으로서 경로효친, 이웃사랑의 실천을 목표로 하는 기관이다. 경로당, 독거어르신, 차상위가정, 어려운 청소년, 장애인 등등 어려운 곳을 찾아가서 주님의 빛을 비추는 지역을 살맛 나게 하는 것이다.

2000년에 부평구청장을 비롯해 구청 담당 직원들, 구 의원과 지역유지들을 초청하여 사랑의 지팡이 운동 부개2동 지부를 설립하였다. 수십 명의 지역 이사들을 조직하여 찬조하도록 하였고 가맹점들을 만들어서 할인제도도 도입했다. 사랑의 지팡이 마크도 만들어서 가맹점마다 붙여 가맹점을 표시하기도 하였다. 부개2동 내의 6개의 경로당과 협약식을 맺고 경로당 연합 야유회 등 왕성한 활동을 시작하였다. 정말 아름다운 지역을 살맛 나게 만드는 모델이 되기를 바랐다.

한번은 박스를 주워가며 혼자서 근근이 생활하는 82세의 할아버지를 만나 반찬도 해드리고 돌보아드렸는데 어느 날부터 할아버지께서 보이지 않았다. 집에도 계시지 않아 어떻게 된 일인가 수소문해서 알아보았는데 교도소에 계셨다. 찾아가서 어떻게 된 일이냐고 물었더니 고물을 줍다가 본드도 같이 주워서 집 근처에 두었는데 학생들이 와서 그것을 발견하며 일이 생겼다고 했다. 학생들이 본드를 하다가 붙잡혔고, 본드를 어디서 했느냐는 물음에 바로 할아버지 집에서 했다고 한 것이다. 할아버지는 결국 고발되어 300만 원의 벌금을 맞았고 벌금 낼 돈이 없어서 몸으로 때우고 있다고 하셨다.

나는 화가 많이 났다. 어떻게 이럴 수가 있단 말인가. 80살이 넘은, 그도 혼자 고물 주워서 겨우 한 끼 한 끼 때우고 계신 할아버지에게 벌금 때운다고 3개월이나 감옥에 가두어두다니…. 그러나 내 힘으로는 어떻게 할 수가 없었다. 나중에 그 할아버지는 감옥에서 나오셨고 그리 오래 사시지 못하고 돌아가셨다.

또 동네에 냄새나고 바퀴벌레들이 활주하는 창고 같은 집에서 할아버지와 중학생 늦둥이 딸이 사는 집이 있었다. 반찬도 해드리고 자주 찾아가서 청소도 해드렸더니 교회에 나오셨다. 얼마 후에 영구임대 주택이 나와서 할아버지는 이사하셨다. 그런데 이사를 하신 곳이 차량을 운행해야 하는 거리였다. 그래서 차를 타셨는데 성도들이 그분에게 가까이 가기를 꺼렸다. 알고 보니 소변이 옷에 절어 차량뿐만 아니라 교회에 와서 할아버지가 앉는 자리에도 냄새가 뱄고 심지어 온 교회에 찌든 냄새가 난 것이었다. 나는 고민이 되었다. 냄새가 난다고 교회에 오지 못하게 하는 것이 옳은 일일까?

게다가 하루는 소변으로 옷이 젖었을 뿐 아니라 대변까지 지리셨다. 어떻게 할까 고민이 되었다. 도저히 내 주장만 해서는 안 되겠다고 생각하여 집에 가서 예배를 드리기로 하였다. 얼마 동안 집에 가서 예배를 드렸는데 나중에 그 할아버지도 건강악화로 돌아가시고 말았다.

그래요, 주님이 원하시는 이웃 사랑은 어디까지일까요? "내 형제들아 만일 사람이 믿음이 있노라 하고 행함이 없으면 무슨 유익이 있으리요 그 믿음이 능히 자기를 구원하겠느냐 만일 형제나 자매가 헐벗고 일용할 양식이 없는데 너희 중에 누구든지 그에게 이르되 평안히 가라 덥게 하라 배부르게 하라 하며 그 몸에 쓸 것을 주지 아니하면 무슨 유익이 있으리요 이와 같이 행함이 없는 믿음은 그 자체가 죽은 것이라"(약2:14-17).

3장   나는 살기 위해 웃고 걷는다

사탄의 장난에 시달리다

. . .

지하에서 교회를 개척한 지 약 8년의 세월이 흘렀다. 주화빌딩 5층으로 전세를 얻어 이사했다. 지상으로 올라오니 부흥도 제법 되었다. 그런데 시간이 지나면서 6층 목욕탕에서 물이 새어 전화선이 끊어지기도 하고 하수도가 막혀 한강을 이룬 적이 한두 번이 아니었다. 게다가 관리비의 부담도 있었고 또 바로 뒤에 큰 교회가 들어왔다. 나는 교회를 이전해야겠다고 생각하고 기도하기 시작했다.

그때 김○○ 집사 부부가 교회부지는 자기들이 사겠다고 하고 다녔다. 그래서 아는 집사님을 통하여 건물을 소개하였다. 그런데 등록을 교회 이름으로 하지 않고 자기 이름으로 하였다. 나는 대출을 많이 받아야 해서 그런 건가 했다. 그런데 점점 목회자를 관리인 취급하기 시작하더니 1년 6개월 정도 지났을 무렵, 월세로 150만 원을 내고 그게 안 되면 나가라고 하였다. 그렇게 2년이 다 돼갈 때쯤 내용증명이 날아왔다. 나는 오기가 생겨 나갈 수 없으니 알아서 하라는 식으로 대처했다.

결국 그는 법원에 제소했고 그때부터 2년의 지루한 법정싸움이 시작되었다. 나는 생전 법원이 무엇을 하는 곳인지 잘 모를 정도로 법원과는 멀리 있었다. 그렇게 생소한 곳에 내가 처음으로 가서 대리로 오○○ 성도를 위임했다. 공문이 날아올 때는 얼마나 기분이 나쁘고

불안하고 초조하며 심장이 벌렁거리고 스트레스를 받는지 모른다. 김
○○ 집사의 말은 어떤 것을 믿어야 하나 할 정도로 거짓말투성이였
다. 방금 들통이 날 거짓말을 태연하게 하였다. 게다가 교묘하게 목회
자와 성도 간의 사이, 성도와 성도 간의 사이를 이간질했다.

재판과정이 힘들어서 아내에게 모든 것을 포기하고 시골로 가자
고까지 하였다. 그러다가 하루는 이런 일도 있었다. 인천터미널선교
회 강의를 위해 차를 몰았다. 제2경인고속도로를 타고 인천시청 방향
으로 내려가는 길에서 얼마나 졸렸는지 눈을 떴다가 감았다를 반복
하다가 나도 모르는 사이에 졸아버렸다. 눈을 떠 보니 차가 인도에 올
라와 있었다. 자세히 보니 고속도로에서 내려오다가 전봇대 두 개 사
이로 약 40㎝ 턱을 타고 올라온 것이었다. 차량의 오른쪽 백미러가
틀어지고 오른쪽 앞바퀴가 찢어져서 너덜너덜하였다. 다행히도 사람
이 없어서 인사 사고는 없었다.

감사했다. 한 명도 다치지 않았고 전봇대 사이를 타고 올라왔기
에 경제적인 손해도 없었고 차량도 타이어 하나 외에는 크게 파손되
지 않았다. 얼마나 감사한지 모른다. 그래도 하나님이 아직도 나를 사
랑하시고 지켜주시고 계시는구나. 아직도 내가 할 일이 있어서 하나
님이 지켜주셨다는 생각을 하면서 다시 일어설 힘을 얻었다. 그러면
서 생각하기를, 내가 일반적인 부름을 받았더라면 목회를 포기할 수
도 있을 텐데 싶었다. 10년 동안 죽은 거나 다름없었던 병든 삶을 치
료받고 부름을 받았기에 포기하려 해도 할 수 없게 하셨다는 것을 깨

달았다.

지방법원 1심이 끝났다. 그는 처음부터 완벽하게 준비를 하였고 우리는 그가 제직회에서 한 말, 동네 사람들에게 한 말, 증인 등 각종 서류를 준비해서 제출했지만 이길 수가 없었다. 아무리 그의 행동이 욕을 얻어먹을 짓을 했다 할지라도 등기가 그의 이름으로 되어있으니 우리가 이기는 것은 불가능하였다. 아니, 처음부터 이길 수 없다는 것을 알았지만 오기로 버텼다. 오기로 재판은 이길 수가 없었다.

이왕 하는 거 고등법원까지 갔다. 고등법원 판사도 1심과 같은 재판을 하였다. 그 이후 그는 집달리(집행관)를 신청했고 1,700만 원을 요구했으나 법적 변호사비 180만 원만 주고 결국 합의를 보았다. 최종적으로 2005년 9월 30일까지 자리를 비워주기로 하였다. 그리하여 교회 재정 전부인 1억 원을 받아서 나오게 되었다.

머리뚜껑이 열리다

• • •

교회를 비워주기로 합의한 날짜가 얼마 남지 않았다. 사택 따로 교회 따로 얻을 형편이 되지 않아 주택을 사서 리모델링한 후 교회와 사택을 같이 쓰기로 하였다. 부동산에 50평에 1억9,000만 원짜리 이층집이 나왔다. 받은 돈으로 계약하고 2층을 먼저 내보낸 후 사택을 이사했다. 중도금까지 지불했다.

　문제는 대출이었다. 1억2,000만 원까지 대출 약속을 받고 집을 샀다. 그런데 1층에 방이 3개가 있어서 7,000만 원밖에 안 된다는 것이다. 은행마다 물어봤지만 그 이상은 불가하였다. 리모델링은커녕 집값도 다 지불할 수 없었다. 어떤 분은 500만 원을 더 얹어줄 테니 부동산에 다시 내놓으라고 하는 분도 있었다. 그런데 기도하는 중에 하나님께서 지혜를 주셨다. 교회를 하려면 1층을 다 터야 한다. 1층을 터서 다시 감정을 받아야겠다는 생각을 하고 주인에게 허락을 받았다. 그러나 30년이 넘는 건물이라 쉬운 일이 아니었다.

　힘든 과정을 통하여 겨우 1층을 텄다. 은행에 1층을 텄으니 다시 감정을 해서 대출해달라 했고 내일 올라오겠다고 했다. 그런데 또 한 가지 문제가 생겼다. 대출을 받으려면 보증을 담임목사 외에 두 사람을 더 세워야 하는데 과연 누가 보증을 서줄 것인가였다. 안수집사와 권사들을 모아 대출을 받으려면 2명의 보증인이 필요하다고 하였다. 그랬더니 한 분은 신용불량자라 했고, 또 한 분은 아들한테 물어보아야 한단다. 또 한 분은 '누구 집 말아먹을 일 있냐'고 하였다.

　나는 그 권사님의 그 말을 듣고 깜짝 놀랐다. 어떻게 저런 말을 하나. 아마 다른 분들도 그런 생각을 하였을 것이다. 여담이지만, 몇 년 후에 그렇게도 건강하시던 분이 백혈병에 걸려서 고생하시는 것을 보면서 기분이 묘했다. 교회도 옮겼고 권사님이 했던 말 때문에 병이 오지 않았나 하는 생각이 들었다. 그래서 하나님께 드리는 회개기도를 도와주고 싶은 마음에 가서 기도해준다고 했더니 본인이 거절하였고 얼마 후에 세상을 떠나셨다. 나는 하나님께서 그 권사님이 하는 말을 다 들으셨다 생각했다. 하나님은 참으로 두렵기도 하고 귀가 밝으신 분임을 다시 실감하였다.

은행에서 다음 날 올라와 재감정을 하고 대출계약이 완성되어야 하는데 오늘까지 보증 설 사람이 한 명도 없다. 이를 어찌할꼬? 이곳저곳 전화를 해서 부탁해봤으나 해주겠다는 사람이 한 명도 없었다. 오후 늦게 부개동교회 배 목사님에게 전화했다. 그런데 흔쾌히 대답해주었다. 너무 감사했다.

문제의 절반은 풀렸다. 남은 한 사람이 문제였다. 어찌할꼬. 침대 위에서 무릎 꿇고 기도하면서 안절부절못하다 보니 머리가 아프고 깨질 것 같고 뚜껑이 열릴 것 같다는 말이 실감이 났다. 머리 뚜껑이 열리고 마치 화산처럼 터질 것 같았다. 정말 미칠 지경이었다. 왜냐하면 은행에서 전에 왔다 가고 이번이 두 번째인데 이번까지 준비가 안 돼 대출을 받지 못한다면 어떻게 해야 할지 머리가 복잡했기 때문이다.

그런데 다음 날 아침 기적이 일어났다. ○○교회 사모님이 보증을 서주겠다고 전화한 것이다. 알고 보니 그 교회도 우리와 같은 시기에 교회를 사서 이전을 하는데 이를 위해 대출을 받아야 했다. 보증을 서

줄 사람이 다 준비되어 있었는데 바로 어저께 한 사람이 신용불량자가 되어 보증 설 사람이 부족하게 된 것이다. 그래서 사모님들끼리 서로 보증을 서주기로 하였다. 그렇게 다음 날 모든 대출을 정상적으로 받게 되었다. 파란만장한 과정을 통하여 나의 머리 뚜껑이 열리기 바로 직전에 하나님이 불쌍히 여기셔서 응답을 주셨다. 할렐루야였다.

경제적으로 많이 힘들어하다

• • •

2005년, 주택 리모델링을 해야 했다. 2층을 사택으로, 1층을 교회로 만들어야 한다. 한 집사님이 내가 직접 하면 자기가 일당을 받고 도와주겠다고 하였다. 그 과정에서 감사한 것은 H빔을 정사각형으로 짜서 건물 받침으로 썼기에 기둥을 세우지 않고 공사를 하게 된 점이다. 2년 동안 법정싸움을 하는 동안 성도들도 상처를 입어 다른 교회로 옮겼다. 남은 성도들이 많이 고생했는데 특히 아내가 그랬다. 매일 간식 두 번, 점심을 직접 해주느라고 고생이 이만저만이 아니었고 장모님 또한 시골에서 음식에 필요한 모든 재료를 보내주셔서 너무 감사했다.

그런데 리모델링을 하다 보니 생각보다 많은 돈이 들어갔다. 이리저리 돈을 빌려 동네가 훤할 정도였다. 그 돈을 빨리 다 갚아야 했고 공사를 마무리한 집사님은 남은 대금을 계속 재촉하였다. 그래서 결국은 부목사 때부터 은퇴 후를 대비해서 부어놓은 총회연금을 해약해야만 했다. 그도 부족하여 오래전부터 들어놓은 조그마한 개인보험이 있었는데 그것마저 해약해야만 했다.

게다가 은행대출에 대한 이자가 만만치 않았다. 많은 성도들이 타교회로 떠나 쥐어짜야 했다. 이 모든 책임을 혼자 지고 가려니 너무너무 힘들었다. 그래서 무슨 일이든 해야만 했다. 그러나 새벽기도, 수요·금요예배, 가정사역 등을 생각하면 할 만한 일을 찾을 수 없었다. 그러다가 인천 서구 경서동에서 택배 상·하차 하는 일을 오후 4시부터 8시까지 하게 되었다. 자유로운 시간이라 고등학생들이 학교 마치고 일을 하고 있었고 여대생과 아주머니, 아저씨들이 와서 일을 열심히 했다.

일은 한가했지만 바쁠 때는 눈코 뜰새 없이 바빴다. 가장 힘든 것은 일을 마치는 시간이 정확하지가 않다는 것이었다. 일이 늦게 들어오면 밤 12시, 새벽 1시가 되었다. 그때가 되면 교통편도 없어서 같이 일하는 분들이 태워다줬는데 그러다 보니 집에 오면 새벽 2시, 어떤 때는 3시가 되기도 하였다. 씻고 잠들면 1시간 또는 2시간밖에 못 자고 일어나 새벽기도회를 인도해야 하니 그게 많이 힘들었다.

라파전인치유 공부를 하다

. . .

나는 가정사역과 치유사역을 하면서 주광식 목사님의 라파전인치유 학교를 접하고 부부가 같이 입학했다. 정말 유익했는데 그중 유전자 치료는 나에게 깊은 감동을 주었다. "여호와께서 노아에게 이르시되 너와 네 온 집은 방주로 들어가라. 네가 이 세대에 내 앞에서 의로움을 내가 보았음이니라, 너는 모든 정결한 짐승은 암수 일곱씩, 부정한 것은 암수 둘씩을 네게로 취하며 공중의 새도 암수 일곱씩을 취하여 그 씨를 온 지면에 유전케 하라"(창7:1-3).

또 나에게 깊은 감동을 준 것은 해부학 이론과 해부학 실습을 체험한 것이다. 나의 두 가지 바람 중 첫째였던 성지순례는 하나님의 은혜로 잘 다녀왔다. 둘째는 사람 몸 안을 들여다보는 것이었는데 하나님이 라파전인치유에서 해부학 실습 기회를 주셨다. 실습할 환경이 좋지 않았지만 하나님이 주신 기회라고 생각하고 참여하였다.

실습생 15명이 중국 연변에 도착했다. 다음 날 연변대학에서 교수님의 안내로 해부학 설명을 듣고 실습을 했다. 우리가 실습한 분은 키가 180㎝ 정도의 병사하신 50대의 남성이다. 화학약품 처리로 많은 눈물을 쏟아내야만 했다. 그중 사람의 피가 역류하지 못하도록 장딴지 정맥에 차단막이 V 모양으로 되어있는 것을 보고 조물주의 아이디어에 놀랐다.

또 80살이 넘은 여성분의 자궁도 보았다. 만인이 태어나는 자궁도 동전 하나 크기인데 임신을 하면 500배나 커진다는 이야기를 듣고 신기했다. 그리고 양쪽 콩팥의 가느다란 줄을 통해 소변이 내려가서 방광에 고였다가 밖으로 나가는 모습도 신기하였다. 또 교수님의 말 한마디는 나에게 깊은 인상을 주었다.

"모든 사람은 다 정신병자입니다. 그러나 병원에 입원할 정신병자는 20%, 병원에 입원하지 않아도 될 정신병자가 80%입니다."

이 말을 들으면서 정상적인 사람은 한 명도 없다는 하나님의 말씀이 생각이 났다. "모든 사람이 죄를 범하였으매 하나님의 영광에 이르지 못하더니"(롬3:23). "기록된바 의인은 없나니 하나도 없으며 깨닫는 자도 없고 하나님을 찾는 자도 없고 다 치우쳐 함께 무익하게 되고 선을 행하는 자는 없나니 하나도 없도다"(롬3:10-12). 수료증을 받고 백두산을 구경하고 돌아오면서 많은 공부가 되었다.

웃음치료 전문강사가 되다

• • •

라파전인치유에서 처음으로 웃음치료를 접하였다. 잘 웃어지지 않았는데 억지로 웃으려 하니 이상하였다. 나중에 깨달은 것은 웃는 삶이 훈련되지 않아서 웃는 근육이 경직되어서 그렇다는 거였다. 얼굴박사 조용진 교수에 의하면 '우리나라 사람은 눈썹과 눈썹 사이 미간과 코와 입술 사이, 인중 간의 길이가 다른 나라 사람에 비해 조금 짧다'고 한다. 그래서 일부러 웃지 않으면 웃는 얼굴이 되기가 쉽지 않다는 것이다. 구조학적으로 그렇게 되는 얼굴이라 했다.

나는 내가 먼저 행복해지기로 마음먹었다. 웃음치료는 1991년 9월 영국 웨스터버밍햄 보건국에서 '웃음소리 클리닉' 개설을 허가하며 치료법으로 인정되었다 한다. 나는 국제레크레이션 학원에 등록하여 2008년 웃음치료 전문강사 자격증을 획득했다. 자격증을 따자마자 웃음치료를 시작하였다. 정신과의원, 교회헌신예배, 경로대학, 요양원, 정신건강복지센터, 요양보호사 학원 등에서 2019년 코로나가 터지기 전까지 매주 1~3회 웃음치료를 하였다.

웃음치료를 하면서 노래와 유머를 많이 사용하였다. 유머책은 모조리 사서 읽어서 정리하였고 노래도 편곡을 해가면서까지 웃음치료를 하였다. 그러다 보니 많은 책들을 읽을 수가 있었고 '구슬이 서 말이라도 꿰어야 보배'라는 말이 있듯이 정리할 수가 있어서 좋았다. 그리고 더 좋은 것은 나의 얼굴 근육이 펴지게 되었고 내가 행복해졌다는 사실이다. 웃음치료에 나오는 대상자들 중 웃을 상황이 되지 않는 분들이 많았다. 억지로라도 내가 먼저 웃어야 그분들이 웃었기 때문에 많이 웃게 되었다.

이임선 간호사는 교통사고로 몸이 만신창이가 되었을 때 서울대병원에서 치료를 받고 병원에 웃음치료를 도입하기 위해 노력했다. 그러다 암 환자실이 웃음이 꼭 필요한 곳임을 알고 보호자들에게 웃음치료에 나올 것을 권면했다. 그러나 대부분의 보호자들이 그런다고 낫냐 하면서 비웃었다. 그럼에도 한 명이라도 모이는 대로 웃음치료를 하다 보니 암 병동 분위기가 바뀌었다고 한다.

또 두 아이의 엄마이자 초등학교 선생이었던 한 분은 유방암 진단을 받고 암 환자를 위한 웃음치료에 참여하여 치료를 받았다. 그래서 지금은 '매일이 내 인생의 최고의 날'이라고 크게 웃으며 하루하루 신나게 보내고 있다고 한다. 그는 "나는 살기 위해 웃는다, 왜 웃어주기를 기다리십니까?"라고 말한다.

『뇌내혁명』의 저자 하루야마 시게오 박사는 '기뻐할 때, 깊은 기도드릴 때, 그리고 누군가로부터 칭찬과 인정을 받을 때 뇌에서 베타-엔도르핀이 동일하게 분비된다'고 말했다. 베타-엔도르핀은 건강을 회복시키고 병을 치유하는 기능이 있다. 그래서 기쁨 충만을 누리거나 기도 중에 큰 은혜를 받았을 때 몸이 가뿐해지고 건강이 회복되는 경우가 이 경우다.

화를 내거나 누군가를 몹시 미워할 때 그리고 깊은 시름에 젖어들 때 노르-아드레날린이라는 호르몬이 분비된다. 이는 건강을 해치고 병이 들게 한다. 우리가 평소 화를 내고 난 후 몸이 나른해지고 심신이 지치게 되는 것은 노르-아드레날린 분비 탓이다. 그래서 부부관계가 나쁘거나 시어머니로부터 억울한 대우를 받거나 자녀에게 크게 상심했을 때 몸과 마음이 병이 드는 것도 이것 때문이다. 다시 말해 생각에 따라 나오는 호르몬이 다르다는 말이다.

세드 헴스테드는 '사람은 하루에 오만가지 생각을 한다'고 했다. 그중에 25%만 긍정적인 생각, 나머지 75%는 부정적인 생각이라고 한다. 도산 안창호 선생은 송태산장에 '빙그레, 벙그레, 방그레' 팻말을 붙여놓았다 한다. 그리고 이렇게 말했다. "웃는 집에 울음 못 들어오고 웃는 낯에 침 못 뱉습니다. 한 번 웃음에 백 년 액이 풀어지니 한세상 웃고 지냅시다." 그렇다. 한 번 웃음에 백 년 스트레스가 날아간다. 정말 웃을 일 없습니까?

한 번 웃으면 인상이 바뀌고 매일 웃으면 인생이 바뀐다. 항상 '김~치'의 얼굴로 살아가자. 웃음은 행복 비타민이다. 웃음은 유효기간이 없는 최고의 약이며 병을 막아주는 방탄조끼다. 하루에 15번을 웃으며 살면 수많은 환자들이 절반으로 줄어들 것이다. 15초를 웃으면 이틀을 더 산다. 마을에 좋은 광대가 들어오는 것은 당나귀 20필에 실은 약보다 건강에 더 좋다. 웃음은 보약보다 낫다. 프랑스 의사들이 뽑은 가장 좋은 약은 웃음이다. 히포크라테스는 약 중의 약이 면역이라 했다.

오만상 다 찌푸리고 전도하지 말고 예수가 좋다면 당신의 웃는 얼굴로 증명하라. 오만상 찌푸리고 전도하면 '너나 잘하셔요' 한다. 얼굴은 웃기 위해 있다. 내 얼굴을 디자인하자. 내 얼굴을 '전도지'형 얼굴로 만들자. 복음을 웃음 바이러스에 실어서 땅끝까지 퍼뜨리자.

거울은 절대 먼저 웃지 않는다. 행복하지 않다면 행복한 흉내를 내라. 억지로 웃어도 90%의 효과가 있다. 나는 20살도 안 됐다. 산은 넘으라고 있는 것이다. 강은 건너라고 있는 것이다. 나는 하나님의 자녀다. 나는 피가 펄펄 끓는다. 눈은 반드시 녹는다. 모진 바람과 거친 파도도 반드시 그칠 날 있다. 나는 99세까지 팔팔하게 산다. 스트레스는 날아가라. 항상 기뻐하라. 비싼 화장품보다 웃음으로 화장하라. 자신을 마음으로 다스리자. 자신을 말씀으로 다스리자. 되는대로 살면 죽는다. 사람 속에서 일어나는 감정에 본능적으로 반응만 하는 것이 아니라 감정 자체를 능동적으로 바꿀 수 있다. 웃다 보니 웃음 근육이 펴졌고 '소문만복래'라는 말처럼 만복이 들어왔고 웃음치료를 받는 사람도 행복해졌지만 웃음치료를 하는 내가 더 행복해졌다. 할렐루야다.

디스크가 터지다

. . .

경제적으로 힘들어 인천 경서동까지 택배 상·하차 일을 하다가 부평 일신동 집 근처에도 택배 상·하차 일을 하는 데가 있다는 것을 알게 되었다. 그곳은 가까워서 걸어서도 다닐 수 있었다. 그런데 그곳은 정말 숨 쉴 틈이 없을 정도로 너무 힘이 들었다. 수없이 쏟아져 나오는 컨베이어벨트 위의 물건을 힘을 다하여 밀어야 했고 또 차에 실어야만 했다. 비록 하루 4시간이지만 4시간이 노동 중 노동이었다. 온몸이 땀으로 범벅되었다. 젊은 사람들 사이에서 당시 내 나이 65세였다.

바르지 않은 자세로 무거운 물건들을 계속 밀다 보니 허리에 무리가 왔다. 하루는 허리가 너무 아파 도저히 일할 수 없었다. 그럼에도 중간에 올 수 없어서 억지로 마무리를 하고 왔다. 다음 날부터 허리가 더 아프기 시작했다. 그래서 열심히 오천 보, 만 보를 걸었다. 그랬더니 통증이 더 심해졌다. 허리가 아플 때는 쉬어야 하는데 나는 반대로 했다. 너무 아프고 통증이 심하여 걷기는커녕 누웠다가 일어날 수도 없었다. 2층 침실에서 일어나는 데 5분이 걸렸다. 일어나면 기어서 현관문까지 와야 했다. 계단 15개 정도 내려와서 1층 교회까지 가서 새벽기도를 인도했는데 30분 동안 씨름을 해야만 했다. 너무 고통스러웠다.

그래서 나누리병원에 가서 MRI를 찍었다. 의사가 디스크가 터졌으니 당장 수술하라고 하였다. 나는 가능한 수술하지 않고 치료하기 위해 물리치료를 받았으나 효과가 없었다. 치료를 받고 공원에 앉아서 걸어 다니는 사람들을 보았다. 얼마나 부러웠던지 나도 저렇게 다시 걸을 수 있을까, 일생을 이렇게 걷지 못하면 어떡하지 싶었다. 다음에는 통증전문병원에 갔다. 많은 약을 먹고 비싼 주사를 맞았지만 여전히 고통스러웠다. 허리를 펴주는 물리치료기가 있었는데 거기서 그나마 조금 좋아진 느낌을 받았다.

여기서 나는 힌트를 얻어 인터넷을 뒤지다가 추나요법이란 것을 찾았다. 그런데 추나요법은 비보험이었다. 다행히 지금 부천의 세 군데 한의원에서만 시범 중이었다. 그래서 가다가 쉬었다가, 쉬었다가 가다가 하면서 부천 상동 디○코한의원을 찾아갔다. 원장은 나에게 한 달 치료계획을 주었다. 나는 치료계획을 세워서 말해주는 것이 고마웠고 믿음직스러웠다. 그래서 한 달 후에는 분명히 회복될 것을 믿고 기도하면서 전적으로 의사를 신뢰했다. 벌침, 추나, 물리치료, 약침 등을 맞으면서 한 달 동안 치료를 받았다. 완전히 치료가 된 것은 아니지만 많이 좋아져서 나머지는 나 혼자 노력해도 할 수 있겠다는 자신감이 생겼다. 나는 원장선생님에게 감사편지와 더불어 전도지를 넣어주면서 이제부터는 운동으로 치료해보겠다고 하였다.

나는 살기 위해 걷는다

• • •

나는 3일밖에 살지 못한다는 사형선고를 받았지만 하나님의 은혜로 수술받지 않고 퇴원을 한 후에 탁구도 쳤다. 이때까지도 운동하지 않은 것이 아니다. 그러나 비가 오면 비가 온다고, 눈이 오면 눈이 온다고, 바람이 불면 바람이 분다고, 피곤하면 피곤하다고 쉬어가면서 운동을 하였다. 엄밀히 말하면 이것은 운동이 아니었다.

　탁구를 약 20년 치면서 B형간염 보균자였는데 흔적도 없이 치료되었다. 그러다가 부평구청에서 이강옥 강사의 걷기 세미나에 참여하여 자격증도 받았다. 이제는 허리를 다쳐 계속 탁구를 칠 수가 없게 되었다. 한의원에서 한 달 치료를 받고 이제부터는 내가 걷기운동을 통하여 나머지 부분을 치료해보겠다고 원장 의사에게 이야기하고 그때부터 매일 만 보씩 걷겠다고 마음속으로 다짐하였다.

　그때가 2017년 7월 1일이다. 오늘부터 내가 살아있는 한, 걸을 수 있는 힘이 있는 한 매일 만 보를 걸으리라. 새벽기도를 마치고 부부가 키스와 깊은 포옹을 하였다. 그 후 5시 42분에 준비하여 1시간 30분을 걸었다. 걷는 길은 동네 한 바퀴다. 운동장, 아파트, 동네 이곳저곳을 걸었다. 어떤 때는 비가 왔다. 태풍이 불고 폭우가 쏟아지고, 눈도 왔다. 엄청나게 날씨도 춥다. 잠이 모자라서 눈꺼풀이 무겁다. 몸이 피곤하여 컨디션이 따라주지 않는다. 이전 같았으면 어떻게 해서라도 핑곗거리를 찾았을 것이다. 그러나 지금은 나 자신의 몸과 마음의 상태 즉 컨디션이나 기후로 인한 제약이 있더라도 개의치 않는다. 그런 것들이 만 보 걷기를 하고자 하는 나의 마음을 결코 가로막을 수가 없다.

　그럼에도 정말로 걷기가 싫어지면 나는 '아무리 운동이 힘이 든다 할지라도 아픈 것보다 더하랴, 아프고 나서 걷는 것보다는 건강할 때 걷는 것이 얼마나 큰 축복인가'를 되새겼다. 눈이 오나 비가 오나 태풍이 오나 꽁꽁 언 얼음판 길이라 할지라도 3일밖에 살지 못한다는 사형선고를 받았을 때의 육체적 고통을 알기에, 허리가 아픈 고통을 알기에 아무리 힘들어도 그때의 아픈 것에 비하면 아무것도 아니다.

사람들은 많은 돈을 들여서 건강검진을 받는다. 비싸면 비쌀수록 건강검진을 잘해줄 것이라고 믿는다. 그러나 건강검진을 했을 때 질병이 나타나지 않도록 살아가는 것이 10번의 건강검진보다 더 중하지 않겠는가. 건강검진만을 열심히 한다고 있던 병이 없어지는 것이 아니지 않은가. 병이 들게 살아가면서 건강검진만 열심히 한다면 무슨 의미가 있겠는가. 그렇다, 만 보 걷기를 하여서 건강검진을 할 필요가 없어진다면 더 큰 효과가 아니겠는가.

우리는 지금 100세 시대에 살고 있다. 내가 건강하지 않으면 다음과 같은 일이 일어난다. 첫째, 하나님의 사역을 할 수가 없다. 둘째, 내가 행복하지 않다. 내 손으로 밥을 먹지 못하고 다른 사람의 손을 빌어 밥을 먹는다면 그게 행복하겠는가. 셋째, 자녀에게 짐이 된다. 한 명의 자녀를 기르는 데 3억 원이 들어간다고 한다. 그렇거든 요양원에 입원한다면 요양비, 간병비, 정신적 부담도 이만저만이 아니다. 그래서 어른들이 보통 10~15년을 골골거리다가 세상을 떠난다 한다. 내 마음대로 생명의 길이를 조절할 수 있으면 좋겠지만 아무도 장담할 수 없다. 그러므로 사는 날까지 행복하기 위해 운동해야 한다.

어떤 사람은 다이어트 하기 위해서, 어떤 사람은 건강하기 위하여 운동한다. 그러나 나는 '살기 위하여 걷는다'고 대답할 것이다. 아침에 하나님께 먼저 새벽기도를 드리고 부부가 사랑의 포옹을 한 후에 만 보를 걸으면서 힐링을 하고 샤워를 한 후에 아침 식사를 하고 하루를 출발하는 것, 이것이 하나님이 기뻐하시는 영, 혼, 육의 전인치유, 전인건강이 아닐는지!

교회가 재개발 당하다

• • •

교회건물을 사서 이전을 했지만 2년간의 법적인 문제로 시달리다 보니 많은 성도들이 교회를 떠났다. 재정적으로 많이 힘들었다. 그때 재개발을 하려는데 신청하라는 전단지가 왔다. 나는 무엇인가 변화가 있었으면 하는 마음으로 자발적으로 가입했다. 그런데 나에게 조합설립준비위원회 부위원장 자리를 맡겨주었다. 처음에는 이유를 몰랐는데 나중에 알고 보니 재개발을 대부분 교회가 반대하기 때문에 나를 이용하기 위해 부위원장직을 맡겼다는 것이었다.

그런데 임원회에 참여하면서 재개발을 하면 대출이 있는 사람은 대출부터 갚아야 한다는 것을 알았다. 그렇다면 나는 절반이 대출이라 대출을 갚고 나면 빈 깡통 찰 수밖에 없다. 그때 재개발을 반대하는 비상대책위원회가 조직되었고 나에게 와서 설득하였다. 결국 나는 비상대책위원회 편에 서게 되었다.

비상대책위원회는 매주 모여서 회의를 하였는데 처음에는 고무적이었다. 그런데 점점 흘러가는 것을 보니 힘들어져 갔다. 변호사도 샀는데 1차 재판 때 참석하지 않았다. 거기서 '변호사란 이런 인간들이구나'라고 생각하면서 변호사에 대한 불신도 커졌다. 이후 여러 방법을 찾다가 재개발을 전문으로 하는 ○○법인 변호사를 사기로 했다. 변호사는 경험이 별로였지만 사무장이 조합 측 일과 비대위 측 일도 하는 등의 경험이 많았다. 그래서 모인 사람들이 13가정이었다. 이들은 처음부터 끝까지 한 운명을 가지고 싸우기로 하였다. 나는 그대로 당하느니 한 푼이라도 더 이익이 된다면 참여하리라는 생각을 가지고 참여하였다.

하지만 쉽지 않았다. 나는 '모 아니면 도'라고 생각하였다. 잘하면 '모'가 될 수 있지만 잘못하면 '도'가 되고 만다는 것이다. 점차 이웃들은 조합과 합의를 하고 이사를 하였고 교회가 있는 골목도 다 이사를 해서 교회만 남았다. 조합 측은 틈만 나면 고발하며 괴롭혔다. 집과 통장을 가압류해서 땅은 이미 조합으로 넘어갔는데 당신들이 살고 있으니 매월 100만 원씩 이자를 내야 한다는 것이었다. 손해배상금도 청구하였고 경찰서에 고발당하여 두 번이나 조사를 받았다.

시간이 흐를수록 피곤함에 지쳐 이기든지 지든지 빨리 끝냈으면 좋겠다는 생각을 하였다. 조금만 더 참아보자는 서로의 격려로 견디고 있는데 13가정 중에서 명도소송으로 8가정이 이미 패하였고 5가정만 남았다. 그럼에도 사무장은 한 가정만 남아도 되니까 조금 더 참아보자 하였다. 지금 조합은 재개발의 지연으로 매월 몇억씩 이자를 물고 있으니 시간을 끌면 끌수록 저들이 조급해진다는 것이다. 게다가 13가정을 묶었으니 남은 한 가정 때문에 13가정에 손을 댈 수가 없게 한 것이다.

하나님이 응답을 다 주셨다

. . .

그런 가운데 우리 교회도 이미 명도소송에 졌고 13가정 자체 내부에서도 서로 갈등이 생겨 탈퇴하겠다는 사람까지 생겨났다. 사무장도 더 이상 안 되겠다는 생각으로 합의를 시도했다. 처음에는 30%를 약속하였으나 정황상 20%를 더 받기로 하고 합의를 시도하는데 명도소송에서 살아남은 자들은 이미 패한 자들과 같이 받을 수 없다고 주장하기에 이르렀다. 당시 부개2동에만 세 군데서 재개발이 이루어졌는데 바로 옆 구역에서 두 교회가 버티다가 집달리가 성구들을 끄집어내는 것을 보았다. '우리도 빨리 알아보아야 하지 않느냐'며 아내가 재촉을 했지만 우리는 사택과 교회 둘을 이사해야 하기에 여러 가지 생각으로 복잡해져 간절히 기도했다.

"하나님, 그동안 너무나 힘들게 목회하였고 또 살아왔습니다. 인생의 후반기에는 복을 주세요. 다윗에게 좋은 것으로 갚아주셨던 하나님, 나의 인생 후반기에도 복을 주세요."

그러던 어느 날 하나님이 감동을 주셔서 오늘부터 교회를 알아보자고 했고 아내와 아는 부동산에 갔다. 바로 어제 부평구 일신동에 3층짜리 건물이 나왔다고 했다. 조금만 대출받으면 될 것 같았다. 가서 보니 딱이었다. 나는 공기 좋은 곳을 찾았고 아내는 텃밭을 기대했는데 이 둘이 맞는 3층짜리 건물이었다. 더 이상 다른 곳 찾지 않고 하나님이 주신 집이라 생각하여 바로 계약하였다.

그렇게 리모델링이 끝나고 예배를 드리는데 경찰서에서 전화가 왔다. 조합에서 횡령죄로 고발을 했는데 조사를 받으러 오라고 하였다. 전에는 여럿이 같이 조사를 받았기에 그러려니 했는데 이번에는 나 혼자, 그도 횡령죄로 고발을 당하여 기분이 많이 나빴다. 내역서를 보았더니 변호사가 일을 잘 처리하지 못하여 조합 측에서 그 약점을 보고 역소송을 한 것이었다.

그 전화를 받고 많은 스트레스를 받았다. 잠도 제대로 오지 아니하였다. 한 달 동안 스트레스를 받다가 필요한 서류를 준비하여 갔는데 서류가 완벽하다고 하면서 1시간 30분 정도만 조사를 받았다. 며칠 후에 검찰에서 무혐의로 공문이 와 완전히 해방되었다. 그리고 조합과 나머지 보상문제가 잘 합의가 되어 대출금을 다 상환하였다. 힘든 부분도 많았지만 하나님은 나를 불쌍하게 여기시어서 물질에 시달림이 없는 부채 없는 목회를 하도록 응답을 주셨다.

치매 장모님을 모시면서 성숙해지다

• • •

교회 이전을 하고 안정이 되었다. 아내가 친정어머니에게 다녀오 겠다고 하였다. 어머니 집으로 갔는데 치매에 걸리신 어머니를 혼자 두고 오려니 발이 떨어지지 않는다 했다. 그래서 생각했다. 첫째, 이 사한 사택이 조용하여 장모님을 모셔도 될 것 같다. 둘째, 하나님이 장모님을 모시라고 이런 환경을 주셨다. 셋째, 장모님을 그대로 혼자 두면 치매약도 안 잡수실 뿐 아니라 식사도 제대로 챙겨 잡수시지를 않아서 굶어서 돌아가실 것 같다. 넷째, 아내가 7남매 중에서 어머니 와 가장 오래 있어서 정이 가장 깊은데 그대로 돌아가신다면 아내의 마음에 평생 한이 되겠다. 다섯째, 장모님은 절대로 요양원에는 가시 지 않겠다고 하신다.

나는 아내에게 우리 집에 모시고 오라고 하였고 장모님께도 직접 말씀드렸다. 하나님이 나에게 그런 생각과 말을 주셨다 생각한다. 그 동안 장모님은 큰아들이 오면 당신을 요양원에 보낼까 봐 마음고생 이 심했던 것 같다. 이런 환경을 주셔서 우리 집에 오시도록 하나님이 환경을 만드셨다고 본다. 밤새도록 따님들과 울고불고하다가 결정을 내리셨다. 거기에는 목사님이 오라고 했으니 설마 요양원에는 보내지 않을 것이라는 믿음도 있었다고 한다.

　모셔와서 보니, 심한 우울증에다가 치매가 중증이셨다. 우리 집
에 오신지 얼마 안 되어 제대로 걷지도 못하시면서 집에 가겠다고 하
셨다. 날마다 보따리를 싸서 나가셨을 뿐 아니라 우울증이 심하여 한
번 꽂히면 2~3시간 동안 계속 욕을 하셨고 다들 잠자는 밤에도 밤새
도록 고함을 지르고 욕과 도저히 들을 수 없는 심한 저주까지 하셨다.
나는 예민하여 잠을 이룰 수가 없어 큰방에서 작은방으로 자리를 옮
겼다. 문풍지로 막아보기도 하고 귀마개도 해보았다가 2층으로 가서
잠을 잤다. 이웃집과 담 하나 사이를 두고 있었는데 여름에는 신경이
많이 쓰였다.

　힘들었던 것은 다른 자녀, 손자와 손녀들이 오면 좋아하시면서 나
의 자녀와 손자들이 오면 남의 자식이라고 '쌀도 없는데 애들 주렁주
렁 달고 와서 얻어먹고 간다'고 가라고 쫓아내셨다. 그로 인하여 나에
게도 화병이 올 정도였다. 딸이 손자들을 데리고 와서 밥도 먹고 재롱
을 떨곤 했는데 그걸 싫어하니 딸 부부도 그랬겠지만 우리 부부가 더
스트레스를 받았다. 가만히 주무시다가도 애들 소리만 나면 벌떡 일
어나서 주무시지도 않고 지키셨다. 또 다른 방에서 잠을 자면 잠을 못
자게 보초를 서고 밤새 잠을 자지 않고 지키셨다. 다른 방으로 가면
그곳까지 따라와서 나가라고 하셨다. 나 혼자서 먹는 것도 미안한데
애들까지 주렁주렁 달고 와서 쌀도 안 가지고 와서 먹는다고 꾸짖으
셨다.

나는 자녀들한테 사과까지 하였다. 그런데 자녀들은 오히려 나를 위로해주었다. 나는 자녀들을 통해 오히려 힘을 얻었다. 나는 자녀와 손자들만 오면 더 예민해져서 스트레스를 받았다. 머리가 깨질 듯이 아팠고 신경이 곤두세워졌다. 그래서 괜히 아내에게 그런 환경을 만들지 않도록 하라고 했다. 그런 환경을 허용하는 아내에게 화를 내면서 부부싸움도 하였다. 하나님 감당할 힘을 주십시오. 내가 장모님을 오시라고 한 것이 잘못한 것입니까. 힘을 주십시오. 감당할 지혜를 주십시오.

장모님을 모신 지 3년이 지났다. 장모님은 아직도 "내가 집이 없어 온 줄 아느냐. 내가 밥 얻어먹으러 온 줄 아느냐. 우리 집이 두 채나 있어. 당장 내일 갈 거야. 이렇게 가난하고 아무것도 없는 거지 같은 집에 있을 필요가 없어" 하시면서 온갖 욕설과 저주를 퍼부으셨다. 말도 안 되는 소리로 사람의 부아를 돋우는 일은 여전하셨다. 그럴 때면 나는 '환자가 하는 소리다'라면서 넘겨보려고 했지만 반복해서 몇 시간 동안 듣고 있으면 그렇게 잘 되지가 않았다.

그럼에도 위로가 되는 것은 자기 딸을 보고서는 가끔 '수고한다. 우리 언니(딸)가 있으니까 내가 밥을 먹고 산다'는 말씀도 하시는 모습이었다. 그리고 자매들과 영상통화를 하면서 또 다른 가족들의 격려와 후원 속에서 마음을 읽고, 고통을 나누고, 위로를 받으면서 속에 있는 스트레스를 풀어나간 것 덕분에 견디는 것 같았다.

사위인 나는 스트레스를 온몸으로 받으면서 육체적인 어려움 대신 정신적인 고통에 많이 직면했다. 힘이 들 때면 홀로 동네를 한 바퀴 돌면서 마음을 추슬렀다. 잠을 제대로 잘 수 없는 것이 제일 고통이었다. 그래도 감사한 것은 2층에 교회가 있다는 사실이었다. 초창기에는 2층을 피난처로 삼았는데 나중에는 아예 2층에서 혼자 잠을 잤다. 얼마나 노이로제가 걸렸는지 2층 잠자리에 누워있으면 사무엘처럼 하나님의 음성이 들려야 하는데 하나님의 음성은 들리지 않고 장모님의 소리가 귀에서 윙윙거렸다. 가끔 장모님의 소리가 너무 커서 2층까지 들릴 때면 가슴이 벌렁벌렁 뛰기도 했다.

그런 가운데서도 감사한 일들이 많다. 첫째는 장모님을 모실 수 있었던 것이다. 내 어머니와 같은 연배인데 어머니는 65세에 돌아가셨다. 대신 장모님을 모시게 되어서 감사하다. 둘째로, 장모님이 날마다 집 밖으로 나가셨다면 모실 수가 없었을 것이다. 몸도 불편하셔서 가끔 한 번씩 밖으로 나가시고 대체로 집 안에서만 계셨다. 셋째는 일반 가정에서는 모시기가 힘이 드는데 하나님께서 2층이라는 교회의 공간을 주셨기 때문에 가능했다. 넷째는 가끔 대소변을 지리시기는 하지만 대체로 대소변을 잘 가리셨다. 다섯째는 가족들의 기도와 격려가 있었다. 여섯째는 하나님이 나의 아픔을 만져주시고 장모님을 모실 수 있는 마음의 여유를 주시고 심리상담을 배우게 하신 것이다.

2022년 추석을 지나면서 장모님은 거동은 물론 말도 못하셨다. 대소변도 받아내어야 했다. 잠만 주무셔서 곧 돌아가실 것 같았다. 장모님이 불쌍해졌다. 그래서 장모님 손을 붙들고 그동안 장모님에게 잘못했던 것에 대해 용서를 빌었다. 아내도 그런 기도를 하는 것 같았다. 그 후로는 모든 자녀가 더 관심을 가지고 열심히 식사를 챙겨드리고 사랑을 쏟았다. 전에는 정신적으로 힘들었다면 지금은 두 사람 세 사람이 달라붙어 기저귀를 갈고 뒤처리를 하며 목욕도 시켜드려야 하니 육체적으로 힘이 들었다. 그러나 정신적인 스트레스에 비하면 일도 아니다. 아마 하나님이 우리가 정신적으로 너무 힘들어하니 환경을 바꾸어주신 것이 아닌가 생각한다.

하나님은 장모님을 통해서 나의 깨어지지 않은 부분을 깨뜨리시고 더욱 성숙시키셨다. 가끔 화를 내기도 하고 마음에도 없는 말을 내뱉을 때가 있었다. 그러면 그것이 마음에 걸려서 하나님 앞에 나의 성숙하지 못한 부분들이 보였다. 그것을 회개함으로써 조금씩 더 성숙해져 갔다.

하나님 앞에서는 모두가 다 치매 환자라고 생각한다. 그렇게 큰 하나님의 은혜를 받고서도 곧 잊어버리고 엉뚱한 소리를 하기 때문이다. 나는 지금도 저 높은 곳을 향하여 나아가고 있다. 힘들고 어려울 때면 주님의 십자가 앞에 엎드린다. "예수님, 나는 이것도 못 참는데 예수님은 어떻게 십자가의 아픔을 견뎌내셨습니까"라고 기도하면서 나의 모든 무겁고 힘든 짐들을 십자가 아래 내려놓고 나면 또다시 감당할 힘과 용기를 얻게 된다.

Part 3.

가정사역 특강

가정은 결혼을 하면 만들어진다

그러나 아름다운 가정은 꽃밭처럼 가꾸어야 한다

1강 가정사역 특강

인생의 필수과목, 공부 중의 공부였다
우리 가정도 이럴 때가 있구나

우리 부부의 결혼생활 점검

* * *

한 위기 상담학자는 강남의 부부 60%가 같이 살고 있지만 사실상 이혼 상태에 있다고 하였다. 즉 정서적 이혼 상태에서 산다는 것이다. 부부니까, 자녀를 생각해서, 마지못해, 결혼했으니까 억지로 살고 있다는 것이다. 심지어 어떤 한 여성은 결혼생활을 지옥생활이라고까지 말하고 있다. 그렇다, 집(House)은 있지만 가정(Home)이 없다. 위로받고 사랑받고 치유받는 따뜻한 가정이 아니라 여관집이요, 하숙집에 불과하다는 것이다. 여러분의 가정은 어떤가? '살맛 나는 가정'이라고 말할 수 있는가?

예수님은 "내가 온 것은 양으로 생명을 얻게 하고 더 풍성히 얻게 하려는 것이라"(요10:10)라고 말씀하셨다. 우리가 풍성한 삶을 누릴 수 있게 하러 오신 것이다. 흔히 몸이 아프면 밥맛이 없다고들 말한다. 그러나 밥맛이 없는 것이 아니라 입맛이 없는 것이 아닌가. 마찬가지로 건강한 개인이 회복되지 아니하고는 건강한 가정은 있을 수 없다. 병든 개인은 병든 가정, 병든 사회를 만들 수밖에 없다. 그렇기에 가정이 회복되기 전에 나 자신이 먼저 회복되어야 한다. 여러분 자신이 생각하는 그 이상의 아름답고 행복한 에덴의 가정이 있음을 명심하라. 예수님은 여러분 자신이 먼저 치유받기를 원하신다. 그리고 풍성한 삶, 풍성한 가정을 이루기를 원하신다.

윗물이 더러우면 아랫물도 더러우며 마음이 아프면 육신도 아프다. 마찬가지 영혼이 잘되면 범사에 복이 임한다는 사실을 잊지 마라. 부부들이여! 정신 차리자. 여러분의 아픔이 여러분 대(代)에서만 끝나지 않는다는 사실을! 부부가 흔들리면 가정의 뿌리가 흔들린다는 사실을!

가정은 하나님이 만드셨다

• • •

가정이란 인간이 규정한 사회 질서이기 이전에 태초부터 하나님이 제정하신 창조의 질서이다. 복의 기관(은총의 통로)으로 세우시고, 하나님의 사랑을 경험할 수 있는 가장 원초적인 사귐의 공동체로 가정을 규정하셨다. 이토록 신성한 결혼과 가정이 지닌 존엄성과 공동체성이 불행하게도 최근의 산업화에 따른 가치관의 변질과 그 여파로 퇴색되고 있다. 그 결과 어떤 가정은 먹구름이 가득하여 언제 소낙비가 쏟아질지 모르는 늘 불안한 가정이 되었고, 또 어떤 가정은 항상 구름이 끼어있는 흐림의 가정이 되었다. 하지만 그런 중에서도 어떤 가정은 구름 한 점 없는 맑은 하늘에 아름다운 햇볕이 따사롭게 내리쬐는 날씨와 같은 가정으로 세워진다.

가정은 하나님의 작품이다. 결혼제도는 창조 역사에 속한 것이다. 하나님이 아담을 창조하실 때는 분명히 미완성이었다. 그렇다고 하나님의 아담 창조가 불완전하거나 잘못되었다는 뜻은 물론 아니다. 단지 하나님은 아담을 창조하신 후 '독처하는 것이 좋지 않아' 돕는 배필을 지어주신 것이다. "이러므로 남자가 부모를 떠나 그 아내와 연합하여 둘이 한 몸을 이룰지로다 아담과 그 아내 두 사람이 벌거벗었으나 부끄러워 아니하니라"(창2:24-25).

하나님은 서로 돕는 부부가 되기를 원하신다. 치유가 일어나는 가정이 되기를 원하신다. 자기 성장과 자기실현이 이루어지는 가정이 되길 원하신다. 결혼은 새로운 출발점이지 결코 종착역이 아니다. 결혼함으로써 본격적으로 하나님의 창조 사역에 동참하게 되고 하나님이 원하시는 사역이 가능하게 된다.

우리는 영적인 성장뿐 아니라 모든 면에서 균형 잡힌 성장을 꾀해야 한다. 가장 좋은 훈련장은 학교도, 교회도 아닌 바로 가정이다. 우리는 가정을 통해 훈련받고 성장하게 된다. 결코 가정은 우리를 떠나지 않기 때문이다. 하나님 나라의 확장을 위해, 그리고 하나님과의 올바른 관계 수립을 위해 꾸준히 훈련하는 곳, 그러한 가정이 되기를 하나님은 원하신다.

부부간의 의사소통

• • •

어느 시인은 봄을 아지랑이를 타고 오는 손님이라 했다. 그러면 여름은 소나기를 타고 올까? 아니면 뭉게구름? 그렇다면 가을은 빨간 고추잠자리를 타고 오겠지? 겨울은 코끝을 시리게 하는 매운바람을 타고 날아와 우리 곁에 슬그머니 내려앉는다고 생각한다. 그러면 축복은 무엇을 타고 올까? 분명히 타고 오는 것이 있을 텐데…. 수돗물은 수도관을 타고 와 우리네 살림살이를 돕고, 전기는 전선을 타고 들어와 어둠을 밝힌다. 그런데 축복은 무엇을 타고 들어오는지 잘 보이지 않는다. 그러나 그 통로는 너무나 가까이 있다. 바로 자신의 입술이다.

말은 마음의 표현이다. 말에는 힘이 있다. 말에는 책임이 따른다. 우리는 사람을 감동시키고 사람을 변화시키는 생명의 언어를 사용해야 한다. 부부간의 대화에는 원칙이 있는데 매일 배우자의 말을 집중해서 들어주는 것이다. 그냥 듣지 말고 경청(마음으로)해야 한다. 그리고 말로 표현되지 않은 욕구는 없는지 살펴보아야 한다. 배우자의 행동들을 주의 깊게 살펴보고 감사를 말로 표현하라. 비언어적인 대화가 언어적 대화보다 훨씬 효과적이다.

대화에는 오해와 충돌을 해결하기 위한 의사소통 기능으로서의 목적과 사랑을 주고받는 삶의 표현으로서의 목적이 있다. 우리는 대화 기술로서의 나의 느낌을 전달하는 '나 전달법'과 상대방의 말을 내가 적극적으로 듣는 '반영적 경청'을 숙달하여 사용함으로 충분한 의사소통이 되게 하여야 한다.

남녀의 차이와 부부관계

• • •

하나님은 남성과 여성을 하나님 앞에서 영적으로, 존재적으로, 도덕적으로, 인격적으로, 즉 전적으로 동등하게 창조하셨다. 그러나 한편으로 하나님은 남자와 여자를 다르게 창조하셨다. 남성과 여성이 서로 동등하나 각각 다른 특성을 가지게 하신 것이다. 이들은 생각하는 방식, 행동하는 방식, 반응하는 방식, 심리적 정서적 욕구가 다르다. 대화의 방식과 주제, 목적이 다르다. 남성은 자신을 신뢰하는 것을 사랑으로 느끼지만, 여성은 염려해주고 관심을 두는 것을 사랑으로 느낀다. 사랑의 점수를 계산하는 방법에도 차이가 있다. 남성은 이론적이고 추상적이며 인간미가 없고 무뚝뚝하다. 반면 여성은 구체적이고 자상하며 느낌과 감정을 중시하며 남성보다 더 쉽게 표현한다.

각각의 대화방식을 보면 남자는 사실과 정보를 나누며 문제해결을 위한 대화를 나눈다. 문제가 생겼을 때 남자는 아내에게 위로보다는 실제적인 해결책을 제시하려 한다. 남자는 문제를 해결함으로써 긴장과 스트레스를 해결한다. 그러나 여자는 감정적 지지와 공감을 얻기 위해 대화를 한다. 문제가 발생하면 남편에게서 실제적 해결에 앞서 이해와 공감을 얻기를 원한다. 여자는 자신이 느끼는 문제들을 이야기함으로써 스트레스를 해소한다.

성에 있어서도 남자는 섹스를 바라며 섹스를 하면서 마음이 열리고 동시에 사랑도 갈망한다. 그러나 여자는 로맨스를 원한다. 사랑을 받고 있다는 느낌이 있어야 성적 갈망을 가진다. 여자는 성적인 접촉에 앞서 정서적인 만족감을 원한다. 정서적인 안정이 있어야 성적 감정도 표출된다. 그러므로 남녀의 차이를 극복하기 위해서는 서로의 차이를 이해하고 나와 다른 것은 다를 뿐이지 틀린 것이 아니라는 생각을 가져야 한다.

돈, 지배당하지 말고 지배하라

· · ·

세계적인 부호에게 〈뉴욕타임스〉 기자가 물었다.

"당신은 대단히 많은 돈을 가졌는데 행복하십니까?"
"아니요."
"그러면 얼마나 더 벌어야 행복하시겠습니까?"
"조금만 더!"

현대 사회에서 일어나고 있는 많은 범죄 사건(사인, 강도, 절도, 사기, 방화 등)은 돈과 깊은 관련이 있다. 우리나라의 경우도 형사, 민사 사건의 90% 이상이 돈에 관련되어있다. 돈을 조금만 더 가질 수 있다면 사람의 목숨도 개의치 않는 황금만능 시대에 우리 그리스도인들은 어떻게 살아야 할까?

'돈'이란 무엇인가? 어떻게 보면 인간의 가장 위대한 발명품 중의 하나일지도 모른다. 그런데 그 '돈'이 사람을 살리기도 하고 죽이기도 한다. 더 나아가 '돈'은 영적인 문제에까지 영향을 미치는 강력한 힘을 가지고 있다. 사단은 이를 놓치지 않고 우리를 휘어잡으려 한다. 그래서 우리는 '돈'에 대해 분명한 태도를 가져야만 한다. '돈은 하나님이 주시는 복이 될 수도 있지만, 사단으로 말미암은 저주의 수단이 될 수도 있음'을 명확히 알아야 한다.

그리스도인들은 돈에 대한 청지기 정신을 가져야 한다. '내가 번 돈'이기 때문에 전적으로 '내 돈'이라고 생각하는 것은 위험한 생각이다. '나의 것'이라는 소유권을 주장하다 보면 하나님을 잃고 만다. 성경은 분명히 말한다. "우리가 세상에 아무것도 가지고 온 것이 없으매 또한 아무것도 가지고 가지 못하리니"(딤전6:7).

'공수래공수거(空手來空手去)'라는 말이다. 우리가 사는 이 땅은 하나님의 소유이다(레25장). 우리의 소유권은 의존적이고 일시적이다. 모두 하나님의 것이다. 단지 우리는 그것을 잠시 사용할 뿐이다. '모든 것을 다 버렸을 때 모든 것을 다 가질 수가 있다.' 바로 모든 것이 다 하나님 소유라는 것을 인정할 때, 비로소 우리는 물질에서 자유함을 얻을 수 있게 된다. 나는 다만 물질의 청지기로서만 살아가면 되는 것이다. 물질로부터의 자유함, 바로 이러한 청지기 정신에서 비롯된다는 사실을 잊지 마라.

나는 어떻게 만들어졌는가?

. . .

당신은 거울을 볼 때 무슨 생각을 하며 거울에 나타난 자신에 대하여 어떻게 느끼는가. 우리는 우리 자신에 대한 각자의 평가를 가지고 있다. 그것이 자신의 마음의 상, 즉 자아상이다. 여기서 문제는 자기가 자기를 어떤 존재로 의식하고 사느냐에 따라 인생의 질(質)이 달라진다는 것이다.

이런 자아상은 자신이 겪은 과거의 많은 일(좋은 것이든 나쁜 것이든)에 대한 추억이 모여서 만들어진다. 그래서 "과거는 현재 이상의 것"(찰스 쉘)이라는 말이 있을 정도인데, 이는 성장 과정이 현재의 행동을 지배한다는 걸 의미한다. 즉 우리는 성장하면서 부모, 형제, 친척, 학교나 교회의 선생님, 친구 등으로부터 영향을 받는데 이때 인정과 칭찬을 받으면 긍정적인 자아상이 개발되고, 거절을 당하면 부정적 자아상이 형성되기 쉽다. 일단 자신에 대한 긍정적 또는 부정적인 특정한 태도가 형성되면 그것을 스스로 강화시켜 나간다. 이를 '확대 재생산'이라고 한다. 그래서 '내가 어떤 사람이냐'는 객관적인 사실보다 스스로 '어떤 사람이라고 믿느냐'에 따라 행동이 달라진다.

긍정적 자아상의 소유자는 스스로 가치 있게 느끼며 자신을 사랑하고, 자신의 약점까지도 모두 수용할 수 있다. 또한 자신만만하며 현실적이기도 하다. 이들은 다른 사람이 부정적 태도를 보일지라도 긍정적 자세로 수용할 줄 안다. 항상 자신감이 있으며 삶을 두려워하지 않는다. 반면 부정적(열등한) 자아상의 소유자는 자신을 신뢰하지 않고 항상 다른 사람으로부터의 평가 또는 공격을 두려워하기 때문에 자신 생각을 잘 표현하지 않는다. 또 지나치게 자신을 의식하고 가끔 어떤 자신의 문제에 병적으로 집착하거나 선입관을 가진다. 너무 자신에 몰두해서 다른 사람들이 자신에 대해 느끼는 태도를 올바르게 깨닫지 못하기도 하며, 자기를 비하함으로써 타인의 칭찬이나 인정을 그대로 받아들이지 못하는 경향이 있다.

행복은 선택이다. 같은 24시간을 어떻게 사용하느냐에 따라 그 결과는 엄청나게 달라진다. 우리가 행복을 원하면서도 소유하지 못하는 이유가 무엇인가? 그것은 행복을 선택하지 않기 때문이다. 불행도 행복도 선택이다. 이제 불행을 거부해라. 염려와 걱정은 습관성 질병이다. 그리고 행복을 선택해라. 행복은 기성품이 아니며, 찾아오는 것도 아니다. 오직 스스로 선택하는 것이다. 즉 자신의 결심에 의해 행복해지기도 하고 불행해지기도 한다. 이처럼 행복은 나의 선택에 달려 있다. 컵의 물이 반밖에 남아있지 않은가? 반이나 남아있는가?

부부갈등, 부흥회로 만들라

• • •

개와 고양이는 만나기만 하면 싸운다. 개는 꼬리를 들어 반가움을 표현하지만 고양이는 그것을 공격의 사인으로 받아들인다. 반대로 꼬리를 내리는 것은 고양이에게는 반가움의 표현이지만 개는 위협의 사인으로 받아들인다. 둘의 싸움은 표현의 차이에서 오는 것이다. 홀륭한 결혼생활이란 부부갈등이 전혀 없는 것을 의미하지 않는다. 갈등이 있다는 것은 곧 사랑이 있다는 것을 의미한다. 그래서 부부 싸움을 '가정 부흥회(?)'라 부르기도 하는데 가정 부흥회는 자주는 힘들지만 가끔은 개최할 필요가 있다. 부부갈등은 성장 단계에서 꼭 필요한 과정이기 때문이다.

그런데 그 갈등에는 파괴적인 갈등과 건설적인 갈등이 있다. 파괴적인 갈등의 대표적인 형태는 한쪽이 승리하고 한쪽이 패배하는 것이다. 반대로 건설적인 갈등은, 갈등이 일어날 때 이기적이거나 모욕적인 태도가 아닌 서로가 받아들일 수 있는 해결책을 선택함으로써 결혼생활에 도움을 주고 성장해나가는 갈등이다. 즉 서로의 목표를 달성하고 둘 다 승리하는 형태다. 부부갈등에서 이런 접근을 하는 사람은 갈등 자체를 해결할 수 있는 문제로 보고, 피차 관계를 손상하지 않으면서도 두 사람의 차이점을 직면해 상대를 존경하는 태도로 문제를 솔직하게 이야기할 때 건설적인 대안이 나온다는 입장이다.

그러므로 갈등을 해결하기 위해서는 충돌을 침묵으로 피하지 말아야 한다. 그리고 감정이나 적대감을 쌓아두지 않도록 항상 주의해야 한다. 가능하다면 논쟁을 위한 환경을 준비하는 것도 좋다. 최상의 시간과 장소를 준비해보자. 또한 갈등이 생겼을 때 중요한 것이 있다. 문제는 공격하되, 상대방은 공격하지 말아야 한다는 것이다. 그리고 충동적으로 배우자에게 감정을 던지지 말자. 배우자에게 당신의 감정을 알리는 방법을 배워야 한다. 감정을 창이나 돌을 던지듯이 하지는 말아야 한다. '결코' 혹은 '항상'이라는 표현도 조심해야 한다. 일반화하는 말은 문제를 더 어렵게 한다. 당신이 잘못했다면 그것을 인정하고, 당신이 옳았다면 조용히 있으라. 당신이 틀릴 수도 있다는 것을 기억해야 한다. 그러나 특히 그리스도인들은 신앙적으로 해결하기 위한 노력이 있어야 한다.

2강 자녀교육 특강

자녀는 내 것이 아닌데…
자녀는 만들어진다

훌륭한 부모 역할

• • •

'다윈'은 생후 3개월 된 아기를 훌륭하게 지도해달라고 데리고 온 한 엄마에게 "이미 늦었습니다"라고 말했다 한다. 아이 교육의 가장 중요한 시기는 아빠 몸에서 3개월, 엄마 몸에서 10개월의 태교 기간이다. 이때 교육에 성공하면 아이가 태어난 후에는 특별 관리비가 들지 않을 것이다. 그러나 태교는 출발일 뿐이다. 어린아이들은 성장하면서 끊임없이 좌충우돌한다. 그러므로 태교가 아무리 결정적이라 하더라도 그 이후 성장 과정에서의 자녀교육을 무시해서는 안 된다.

훌륭한 부모는 자녀를 격려함으로 긍정적인 자아상을 심어준다. 이것은 자녀 양육에 있어 그 어떤 부분보다 중요하다. 자아상은 보통 0세에서 5세 사이에 완성되는데 이에 대해 코 카슬립이라는 학자는 아이의 자아상이 중요한 타인에 의해서 형성된다고 말한다. 그 타인은 말할 것도 없이 부모이다. 부모가 하는 말 한마디에 의해서, 부모가 아이를 어떻게 다루느냐에 따라서 긍정적인 자아상을 가진 아이로 자라느냐 부정적인 자아상을 가진 아이로 자라느냐가 결정된다는 것이다. 이때 긍정적 자아상이란 쉽게 말해서 아이 스스로 '나는 소중한 사람이다. 나는 가치 있는 사람이다'라고 생각하는 것이다.

훌륭한 부모가 되려면 첫째로 부모 역할을 배우고 훈련을 받아야 한다. 누구나 아기를 낳으면 부모가 되지만, 좋은 부모가 되기 위해서는 노력이 필요하다. 세상에는 면허증을 요구하는 일이 많다. 당신은 부모 자격증이 있는가? 부모가 변해야만 아이도 변한다. 둘째로 좋은 부모가 되려면 자녀의 욕구를 바로 알고 이해해야 한다. 이 말은 자녀의 눈높이로 내려가서 교육해야 한다는 말이다. 셋째로 좋은 부모가 되려면 부부가 서로 사랑하며 행복하게 살아가는 모습을 보여주어야 한다. 좋은 결혼 생활 모델만큼 훌륭한 교과서도 없다. 넷째로 좋은 부모가 되려면 올바른 가치관(다른 사람과 더불어 살아가는 삶의 가치관)을 보여주고 가르쳐야 한다. 가정은 자녀에게 최초의 학교이고, 부모는 자녀의 생애 최초의 교사이며 가장 긴 시간 인생의 가치관에 영향을 주는 사람이다. 부모의 양육 태도와 가치관에 따라 자녀는 만들어진다.

자녀와의 대화, 부모가 알아야 할 원칙

• • •

주님은 언제나 상대에 따라 대화의 수준을 낮추시고 자신의 언어 채널을 맞추셨다. 상대가 알아듣게 말씀하셨고 그들의 관심사에 맞는 대화를 하셨다. 자녀는 성장하면서 좌절, 실망, 두려움, 또는 분노 등의 감정을 겪는다. 나이가 어린 자녀라 할지라도 그들 역시 이러한 감정들을 느낀다. 이처럼 갈등을 통한 감정을 느끼며 그들은 사회성을 배우고 자신의 세계를 넓혀간다. 자녀들이 성장하면서 겪는 좌절, 절망, 두려움, 분노 등 이 감정을 잘 정화해 자신의 성장과 다른 사람의 관계 성장에 유익하도록 승화시켜야 한다. 그러한 의미에서 부모는 자녀가 겪고 있는 감정을 잘 살피고 그들이 부정적 감정도 긍정적으로 해소하도록 도와주는 좋은 경청자와 상담자의 역할을 해야 한다.

그러면 어떻게 효과적 경청자가 될 것인가? 어떻게 하면 자녀와의 바른 대화, 자녀에게 유익이 되는 대화, 자녀의 성장 과정을 돕는 대화를 이끌어갈 수 있을까? 자녀와의 대화에서 성공은 '얼마나 상대방의 말에 잘 경청하는가'에 달려있다. 부모는 그들이 겪고 있는 문제들을 대신 처리해주기보다 그들 스스로 문제들에 부딪히며 극복해나갈 수 있도록 들어주고, 도와주는 교육의 태도를 가져야 한다.

그리고 이왕이면 자녀들에게 말로 마음껏 축복해주자. 학교 갈 때도 마음껏 축복 기도를 해주자. "아무리 보아도 너는 하나님께서 너무나도 축복하실 것 같구나", "너로 인하여 엄마, 아빠는 너무 행복해"라는 말을 해주는 것이다. 마음껏 긍정적인 말로 그들에게 자신감과 안정감을 느끼도록 해주자. 부모가 자녀에게 던지는 말들이 자녀의 자아상(Self-image) 형성에 엄청난 영향을 준다는 사실을 항상 명심해야 한다.

유대인 부모는 이렇게 가르친다

. . .

우리는 말만 잘 듣는 앵무새가 아니에요. 유대인 두 명이 모이면 3가지 의견이 나온다. 유대인 아이들이 질문을 하면 그 부모들은 질문에 대한 답을 당장 주지 않는다. 답을 말해주는 대신 답을 찾을 수 있도록 유도한다. 단 두 사람만 모여도 열심히 토론을 벌이는 그들의 습성에 "유대인 두 명이 모이면 3가지 의견이 나온다"는 말까지 있다. 그래서 이들은 말 잘 듣는 아이는 바보라고 말한다.

'유대인은 머리가 좋다'고들 말한다. 그러나 그들은 '유대식 육아법으로 키웠기 때문'이라고 대답한다. 머리가 좋게 태어났다기보단 머리가 좋도록 키운다는 것이다. 그들은 두뇌를 끊임없이 사용하도록 교육한다. 어릴 때부터 유대인답게 사는 것은 '몸보다 머리를 써서' 사는 것이라고 가르칠 정도다. '물고기를 한 마리 잡아주면 하루를 살지만, 잡는 방법을 가르쳐주면 일생을 살 수 있다'는 것이 바로 그들의 교육법인 것이다.

유대인 교사들은 교실에 앉아 책 속 농사나 그림 속 과일을 보고 그 이름을 익히는 학습을 죽은 교육이라고 생각한다. 그들은 교실 학습보다 현장 학습이 더 효과적이라고 생각하여 아이들을 바로 키부츠 현장으로 보낸다.

유대인들은 아주 낙천적이다. 어떤 일이든 쉽사리 나쁘게 생각하거나 절망하지 않는다. 그들은 난관에 봉착하면 입버릇처럼 "어둠이 지나면 빛이 찾아들 것이고, 시간이 가고 때가 되면 다 해결될 것이다. 지금은 이렇지만 시간이 흐른 뒤엔 반드시 잘할 수 있을 거다"라고 말한다. 아이가 실수했을 때도 "그거 별거 아니야. 지금은 이렇지만 시간이 흐른 뒤에는 분명히 세계의 일인자가 돼있을 거야"라고 다독인다.

피부 접촉 – 사랑받고 싶어요

• • •

아기에게는 피부 접촉이 음식보다도 중요하다. 피부 접촉을 경험할 때 뇌 속에는 세로토닉 호르몬 분비가 촉진되어 정서가 안정되고 쉽게 잠이 들게 된다. 심지어는 소화, 배설 능력도 좋아지고 순환기의 호흡 기능이 향상되어 체중이 늘어나며 정서, 사교, 유순함에서도 긍정적인 기질을 보인다. 신체적 성장 발달이 촉진되고 통증 완화, 스트레스 호르몬 지수의 감소, 신경계와 뇌파에도 상당한 영향을 미친다.

뇌라는 거대한 공장에서는 뉴런으로부터 전달된 전류를 재료로 해서 복잡한 화학 물질을 생산한다. 바로 이 화학 물질이 혈관 속 호르몬이나 효소와 결합하면 감정의 변화가 일어난다. 그 결과 인간은 웃거나 불쾌한 표정을 짓는다. 이 과정은 겨우 백만 분의 1초라는 짧은 시간 안에 이루어진다. 그러므로 우리가 우울하거나 불안한 상태에 있다면 살갗의 감미로운 접촉을 통해 기분을 좋게 만드는 화학 물질이 생산되도록 하는 것도 좋은 방법이다. 서양인들은 '살갗이 말을 한다(Skin Talks)'라는 표현이 있을 만큼 몸짓 언어를 자연스럽게 사용한다.

사랑은 피부 접촉이다. 토마스 카알라일은 "우주에는 성전이 하나뿐인데 그것은 인간의 몸이다. 인간의 몸에 손을 댈 때 우리는 하늘을 만진다"고 했다. 인간관계를 친밀하게 하는 방법은 곧, 몸으로 따스한 정을 표현하는 것이다. 이래서 포옹이 좋다. 기분을 좋게 해 주고 외로움을 없애주며, 두려움과 불안, 긴장감을 해소해주고 마음의 문을 여는 푸근함을 준다. 포옹은 '혈압을 급상승시키고, 긴장감을 불러일으키는 분노의 감정도 맥을 추리지 못하게 하는 효력이 있으며, 고독과 외로움을 달래줄 수 있는 유일한 수단이자 탁월한 정신 치료제'이다.

피부 접촉은 용서와 치유의 힘을 가져다준다. 말로 감정의 표현을 다 못 하겠거든 피부로 말하라. 피부는 말보다도 더 크게 외치기도 하고, 더 깊은 내용을 전해주기도 한다. 말하고 싶지 않다고 피부 대화까지 쉬게 되면 가족 간에 불협화음이 생기게 된다. 피곤하여 지쳤을 때, 조용히 쉬고 싶을 때, 말 대신 피부로 대화해보자.

성경적 자녀교육

. . .

요즈음 '육아교육'에 대한 책이 아주 많이 팔린다고 한다. 그런데 아이들도 이 책을 잘 사 간단다. 육아교육책을 사는 아이들에게 "왜 이 책을 사니?" 하고 물었더니 영악한 아이들이 이렇게 대답하더란 다. "제가 지금까지 제대로 된 양육을 받았는지 알고 싶어서요."

"또 아비들아 너희 자녀를 노엽게 하지 말고 오직 주의 교양과 훈계로 양육하라"(엡6:4). 흔히 가정을 이 세상에서 볼 수 있는 '작은 천국' 혹은 '최초의 교회', '최초의 학교'라고 말한다. 가정이 아이가 만나는 최초의 교회라면 그 교회의 목회자는 부모일 것이고 또 학교라면 그 학교의 교사는 역시 부모일 것이다. 목회자와 교사는 전문적인 교육을 받은 사람만이 감당할 수 있는 직책이다. 그러므로 부모도 이 전문직을 잘 감당해나가기 위해서 전문적인 교육이 필요하다. 다시 말해 '부모 자격증'을 소유하고 자녀를 양육해나가라는 말이다.

'자녀는 나의 것'이라는 소유 개념부터 버려야 한다. 자녀는 하나님께서 맡겨주신 귀한 선물이다. 하나님의 영광을 위해서 경건한 자녀로 양육해야 한다. 가정의 기본은 자녀가 아닌 부부라는 사실을 잊어서는 안 된다. 자녀가 나의 삶의 목표요 의미여서는 안 된다. 부부사이가 강해지면 강해질수록 가정도 자연히 점점 굳건해진다. 자녀에게 부모가 서로 사랑하는 모습을 보여주는 것이야말로 최고의 가정

교육이다.

　부모여 명심해라. 부모가 변해야 자녀도 변한다. 참다운 의미에서의 교육은 가정에서부터 시작된다. 자녀에 대한 인성교육, 신앙교육을 학교나 교회에 일임할 수도 없거니와 또 그렇게 되지도 않는다. 가정이 바로 사회의 기초이며, 작은 교회이기 때문에 그렇다. 가정은 자녀교육의 기본이 된다. 특별히 기억해야 하는 사실은, 자녀는 말로 양육되지 않고 부모의 행동을 보면서 자란다는 것이다.

3강   내적치유 특강

이렇게 좋을 수가!
아름다운 인생은 예술작품이다

내적치유란 무엇인가?

· · ·

    내적치유란 속사람의 치유를 말한다. 어느 한 나무꾼이 어미를 잃은 독수리 새끼를 발견하여 병아리 우리에 넣어 길렀다. 시간이 흘러 병아리는 닭으로, 독수리 새끼는 늠름한 독수리로 자랐다. 하지만 독수리는 자신이 독수리라는 사실을 깨닫지 못했다. 그러던 어느 날 독수리는 낯선 독수리 한 마리가 날개를 활짝 펴고 하늘을 유유히 날고 있는 모습을 보았다. 하늘을 나는 독수리가 자신의 동족임을 꿈에도 알 리 없는 독수리는 두려움과 부러움이 섞인 눈으로 그 독수리를 바라보면서 탄식했다. "아! 한 번만이라도 저렇게 멋진 모습으로 날아봤으면…."

    분명히 독수리인데 그 속에는 닭이 들어있는 것이다. 두 날개를 펴고 창공을 훨훨 날 수 있는데도 불구하고 날개를 펴볼 생각조차 못하게 하는 무엇인가가 우리 안에도 들어있다. 그것은 독수리인 우리에게 끊임없이 '너는 닭이야 그러니 절대로 날 수 없어'라고 속삭이면서 작고 구부러지고 부정적인 시각으로 세상을 바라보게 한다. 속사람의 치유란 우리 안 닭을 몰아내고 드넓은 하늘을 자유롭게 날아가는 독수리로서의 자기 정체성을 확인하고 그 정체성대로 살아가는 것이다.

성경에 나타난 내적치유

. . .

성경은 심리학이나 정신의학에 관한 책은 아니지만 인간의 마음에 대한 깊이 있는 내용이 기록되어있다. 그러나 마음의 원리와 그 병에 대해 직접적으로 기록하고 있지는 않다. 인간의 모든 문제는 죄와 함께 시작된다. 따라서 하나님의 형상으로 창조된 깨끗하고 건강했던 인간의 마음도 죄로 인해 병들었다. 죄는 병균처럼 우리 마음에 들어와 건강한 마음을 병들게 하고 파괴시킨다. 실제로 우리가 죄를 범하면 그 첫 번째 반응과 고통은 우리 마음에서 시작된다.

상처 난 마음의 유래를 성경에서 찾아보면, "이에 그들의 눈이 밝아져 자기들이 벗은 줄을 알고 무화과나무 잎을 엮어 치마로 삼았더라"(창3:7)를 들 수 있다. 하나님께 죄를 범한 인간은 첫 번째 반응으로 눈이 밝아져서 자신들의 열등한 모습과 부족함, 유한한 모습을 보게 되었고 그것을 가리기 위해 마음까지 가리게 되었다. "그들이 그날 바람이 불 때 동산에 거니시는 여호와 하나님의 소리를 듣고 아담과 그의 아내가 여호와 하나님의 낯을 피하여 동산 나무 사이에 숨은지라"(창3:8). 이후 그들에게 하나님에 대한 두려움이라는 감정이 생기게 되었으며 그리하여 나무 사이에 숨어 변명과 투사로 죄를 감추려 한다. 여기에서 수치, 가림, 두려움, 열등감, 죄의식, 변명, 투사 등 죄의식에 대한 인간의 반응과 마음의 상태를 볼 수 있다.

두 번째 반응으로 창3:14-24에서 죄에 대한 대가로 여러 체벌을 당하고, 추방되기까지 한다. 아담과 하와는 엄청난 내적 충격을 받는다. 하나님이 더 이상 보호해주시지 않고 험한 세상을 살아가라고 추방해버린 것이다. 몸은 성인이지만 버림받은 갓난아이의 충격과 같다. 사랑의 상실, 두려움, 불안, 소외, 고독, 무가치, 무력감, 열등감, 원망, 분노 등의 감정을 느꼈을 것이다. 이러한 마음을 원 마음이라고 한다. 아담과 하와 이후의 인간들은 그들의 후손으로서 파생된 이차적 병든 마음을 가지고 있다.

구약에는 수많은 치유가 있다. 그 가운데 하나님은 자신을 치료하는 여호와, 즉 '라파의 하나님'으로 소개하고 있으며(출15:26) 신약에서는 예수님이 친히 치유자가 되셨다. 예수님은 자신이 이 땅에 오신 목적을 가난한 자에게 복음을 전파하고(영의 치유), 귀신을 쫓아내며(영, 혼, 육의 영역에서의 치유), 병든 자를 고치고(육의 치유), 눌린 자를 자유케 하며(정서를 포함한 혼의 치유), 주의 은혜를 전파하게 하시기 위함이다(눅4:18)라고 하셨다.

예수님의 치유사역은 나병 환자, 혈루증 환자, 삭개오, 사마리아 여인, 탕자 등 전 영역에서 이루어진다. 그러한 치유사역은 특별히 아픈 감정의 내적치유로도 나타나는데, 마음속에 숨어있는 학대, 자기 증오, 열등의식, 절망, 하나님께 버림받음, 미움, 거부, 분노, 조롱, 하나님에 대한 분노 등을 치유하고 하나님 앞에 건강한 자로 세우기 위한 전인치유로 나타난다.

내적치유의 의미와 목적

. . .

　마음속에 깊이 있는 상처를 성경적인 방법으로 치료하며 성령의 역사 속에서 하나님을 알아가는 거룩한 성화로서의 영성 회복이다. 우리는 과거의 특정한 사건, 사고, 인간관계를 통하여 마음에 상처를 받는다. 이 상처는 시간에 지남에 따라 의식하지 못하기도 하나, 결코 없어지지 않고 우리의 현재 삶 속에 감염된 상처처럼 계속 고통을 주며 영향력을 미친다. 예를 들면 죄책감, 우울증, 열등감, 불안, 공포, 각종 정신적 질병들이다. 마음의 상처는 잘못된 성격을 형성시키며 이 잘못된 성격은 인생의 위기의 순간에 자신은 물론 다른 사람까지 파괴시키는 주된 요인이 된다. 내적치유는 감정과 기억과 가계를 통한 사탄의 공격에 대한 치유도 포함된다.

　예수님은 공생애 중 3가지 사역(말씀선포, 전도, 치유사역)을 하셨는데, 그 치유사역 중 하나가 내적치유다. 또한 예수님께서는 믿는 자들에게 권세를 주셨는데(막16:17-18) 병든 자에게 손을 얹어 낫게 하라 이다. 우리 속에 있는 쓴 뿌리, 돌덩이, 가시떨기를 없애고 마음을 새롭게 회복시키는 일이다. 그리하여 예수님이 다시 오실 때 영과 혼과 몸이 흠(상처) 없게 보전되기를 원하셨다(살전5:23).

　이러한 내적치유에 관한 몇몇 정의를 살펴보자. 존 윔버는 "내적치유란 손상된 감정 등으로 고통을 받는 사람들에게 성령께서 죄와 용서와 정서적인 회복을 이루어주시는 과정으로, 곤경에 빠진 우리의 존재와 삶의 일정 영역에 복음의 능력이 역사할 수 있게끔 하는 것이다'라고 했다. 베티 탭스코트는 "내적치유는 속사람, 즉 마음, 감정, 괴로운 기억, 꿈 등을 치유하는 것이다. 그것은 기도를 통한 과정으로서 그것을 통해 우리는 원망, 자기 부정, 자기 동정, 우울, 죄책감, 두려움, 슬픔, 미움, 열등감, 정죄, 무가치 등의 감정으로부터 해방되는 것이다'라고 했다. 마이크 플린과 더그 그래그는 '해방되는 것이다. 바르게 하는 것이다. 과거의 사건을 새로운 시각으로 재조명하는 것이다. 바꾸는 것이다. 기억의 치유이다. 용서를 적용하는 것이다. 은혜의 수단이다. 우리의 삶 속에서 일어나는 감정적 상처를 치료하기 위하여 역사하시는 주님의 원동력을 적용하는 방법이다' 등 여러 표현으로 내적치유를 정의했다.

마음의 상처 치유

• • •

유치원에 다니는 수지라는 어린이가 있다. 엄마가 옆집 아줌마에게 갖다 드리기 위해 요리를 하고 있었다. 수지는 "엄마 왜 옆집 아줌마에게 음식을 갖다 드려야 해요?"라고 물었다. 엄마는 대답했다. "그래 수지야, 옆집 아줌마는 사랑하는 딸을 잃어서 가슴에 큰 상처가 나셨단다. 그래서 많이 슬퍼하고 계시거든, 너도 아줌마를 도울 방법을 연구해보렴." 잠시 뒤 수지는 옆집으로 가서 초인종을 눌렀고, 아주머니가 나오셨다. "우리 엄마가 그러시는데 아줌마가 딸을 잃으셔서 가슴에 상처가 나셨대요. 그래서 매우 아프시대요." 그러면서 수지는 가지고 온 반창고를 아주머니에게 건네면서 "아줌마, 이것을 아줌마 가슴에 난 상처에 붙이셔요. 그러면 금방 나을 거예요"라고 했다. 아주머니는 수지의 말을 듣고 목이 멨다. "그래 고맙구나 수지야, 네가 가져온 반창고가 틀림없이 아줌마의 가슴에 난 상처를 낫게 해줄 거야."

누구나 육신에 상처가 날 수도 있다. 그러나 상처는 육신만이 아닌 마음에도 날 수 있다. 육신에 난 상처는 시간이 흐르면 대부분 치료가 된다. 그러나 마음의 상처는 치료될 때까지 아물지 않는다. 많은 사람이 상처를 입고도 자기의 감정을 억눌러 상처를 빨리 싸매버리기 때문에 아무도 그들이 상처를 입었다는 것을 눈치채지 못한다. 그러나 시간이 흐르면 싸맨 곳에서 고름이 새어 나오고 나중에는 결국 곪아 터진다. 잊어버린다고 해결되지 않는다. 무의식 속에 있다가 비슷한 환경이 만들어지면 다시 상처가 튀어나온다. 오래전에 생긴 상처이지만 치유되지 않았기 때문에 그 상처는 현재의 삶에까지 영향을 끼친다.

상처의 90%는 가정에서 부모를 통해 받는다. 부모는 자녀에게 사랑도 주지만 상처도 준다. 부모에게 받은 상처를 또 자녀에게 주는 대물림 현상이 나타난다. 상처는 우리의 자유와 기쁨을 박탈하고 우리의 마음을 지배한다. 마음 한구석에 생긴 작은 상처가 마음 판 전체를 깨뜨리기도 한다. 상처는 마음의 문제뿐 아니라 육체와 영적인 문제의 원인이 된다.

어떤 상황을 경험하고 나면 그 상황을 다시 생각만 해도 당시의 감정이 떠오르게 된다. 특히 감정이 상처를 입었을 때는 특별히 그럴 만한 상황이 아닌데도 감정적인 반응이 격하게 나타난다. 이런 감정의 변화가 있을 때는 심한 통증이 뒤따른다. 어떤 경우에는 감정이 모두 억압되어 부자연스럽게 보일 정도로 과묵해지거나 냉정하고 무감각해진다. 종종 대인관계 속에서 억압적이고 배타적인 태도를 가지든지 아니면 반대로 지극히 의존적인 태도가 되기도 한다. 비판적인 태도, 실패하는 것을 지나치게 두려워하는 등 자아상의 문제나 열등감의 문제도 발생한다. 부정적인 말들을 자기의 것으로 삼아 마음속에 되씹는 경향이 있다.

"상심한 자들을 고치시며 그들의 상처를 싸매시는 도다"(시147:3). "여호와께서 자기 백성의 상처를 싸매시며 그들의 맞은 자리를 고치시는 날에는 달빛은 햇빛 같겠고 햇빛은 일곱 배가 되어 일곱 날의 빛과 같으리라"(사30:26).

마음의 치유

. . .

"마음의 즐거움은 양약"(잠17:22), "마음은 생명의 근원"(잠4:23). 육체와 정신 그리고 환경은 서로 밀접하게 연결되어있다. 자신을 병들게 하는 가장 큰 원인은 바로 자기 자신(마음)이다. 우리의 결정은 행동을 형성하고 행동은 습관을 낳고 습관은 운명을 낳는다. 우리는 우리 자신의 선택에 따라 건강할 수도, 병들 수도 있고 심지어는 자신을 향한 폭군이 될 수도 있다.

우리의 마음은 정원과 같다. 우리는 정원사로서 그 정원을 정성스럽게 잘 가꿀 수도 있고 아무렇게나 내버려둘 수도 있다. 단지 명심할 것은 우리가 가꾼 만큼 보답이 돌아온다는 것이다. 마음으로 상상하면 치유역사가 일어난다. 싱싱한 레몬을 잘라 시디신 레몬즙이 튀어나오는 장면을 상상만 해도 입속에 침이 고이게 된다. 이렇듯 다양한 상상은 맥박의 변화, 혈압, 호흡, 뇌파, 혈액순환, 위장운동, 성적흥분, 각종 호르몬의 분비나 신경전달물질 분비 등과 같은 넓은 범위의 생리적 변화를 가져온다.

치료방사선 암전문의사인 칼 시몬튼과 심리학자인 스테파니 시몬튼은 폐암을 가진 사람들에게 조용히 눈을 감고 폐 속에서 암세포와 면역체가 치열한 전투를 벌이고 있는 장면을 상상하도록 지도했다. 이후 이런 상상법으로 폐암 환자들의 암에 대한 두려움이 사라졌고,

면역력도 높아졌다는 연구 결과가 발표되었다. 심신의학에서는 신경을 통한 길과 신경전도 물질이라는 2가지의 길을 통해서 몸과 마음이 연결되어있다고 본다. 신경전도 물질이란 호르몬과 펩타이드를 말하는데, 즉 감정에 따라서 각종 호르몬과 펩타이드가 혈액 속으로 분비된다. 결과적으로 우리의 감정이 실린 신경전도 물질에 의해서도 느낌을 가질 수 있게 된다. 예를 들어 우리의 몸에 있는 옥시토신이라는 호르몬은 남녀 간의 애정을 깊게 하는 성질을 갖고 있다. 이 호르몬이 나올 때 남자나 여자는 좀 더 가까워지고 서로 간의 애정이 싹트면서 성적으로 흥분하게 된다. 펩타이드에 실려있는 감정을 정보물질이라 하는데 펩타이드에 실려 오는 정보에 따라 각각 세포의 기능에 변화가 온다.

우울증 치유

· · ·

우울증은 사전적으로 '슬픔, 정신운동 저하, 의욕상실 등이 특징인 기분이나 감정 상태로서, 우울증에 빠진 사람은 슬픔·절망·비관·자기비하·자기비난·식욕감퇴·수면장애·불면증과 일상생활의 보람·흥미가 감소 또는 상실되고, 열정·활력이 감소하며 사고·행동이 느려지는 등의 증상을 경험한다'라고 정의한다.

우울증은 스트레스를 감당할 수 없을 때 본능적으로 피하여 도망을 가는 것인데, 이는 의식 밖에서 이루어지는 일이다. 또한 우울증은 감정에 지친 몸의 표현이다. 감정을 차 배터리에 비유한다면 절망과 공포로 인해 엔진의 시동이 안 걸려 배터리로 차를 밀다가 나중엔 그마저도 냉랭해지고 처져서 결국 차가 멈추는 것과 같다.

우울증의 원인으로는 생물학적 요인과 유전적 요인, 그리고 심리사회적 요인이 있다. 심리사회적인 요인으로는 부모를 잃는 것과 같은 어린 시절의 상처나 고난을 들 수 있다. 자존감이 낮거나 지속적으로 자신이나 세상에 대한 허무감을 느끼는 사람, 혹은 심한 스트레스를 받는 사람의 경우 우울증에 잘 걸린다. 우울증 환자를 조사해보면 발병 전 상당 기간 스트레스가 있었다. 특히 11세 이전에 부모를 잃었다든지, 배우자 상실, 죽음, 이별, 실패, 실망, 불화 등의 생활사건으로 인해 우울증이 생기는 경우가 많다.

우울증 환자가 스스로 자신을 돕는 방법을 제시해본다. 첫째, 너무 어려운 목표 설정이나 과중한 책임감을 느끼지 않기. 둘째, 큰 업무를 작게 나누어서 우선순위를 설정하고, 자기가 감당할 수 있는 만큼만 하기. 셋째, 당신 자신에게 너무 큰 것을 기대하지 않기. 기대가 너무 크면 실패감이 커지기 때문이다. 넷째, 다른 사람과 함께 지내도록 노력하기. 혼자 지내는 것보다 훨씬 이로울 것이다. 다섯째, 기분을 좋게 하는 활동에 참가하기. 운동, 영화, 종교, 사회활동 등 어떤 것도 좋으나 너무 무리하거나 즉시 기분이 좋아지지 않는다고 초조해할 필요가 없다. 여섯째, 직업을 바꾼다든가, 결혼 혹은 이혼과 같은 일생에 중요한 결정을 할 때는 당신을 잘 알고 있거나 당신을 객관적으로 볼 수 있는 상담자나 의사 등 다른 사람과 함께 상의하기. 어떤 경우에는 당신의 우울 증세가 좋아질 때까지 중요한 결정을 연기하는 것이 바람직할 것이다. 일곱째, 우울 증세가 갑자기 좋아질 것을 기대하지 않기. 그런 경우는 없다. 할 수 있는 만큼만 하고 기대치에 도달하지 못한다고 스스로를 비난하지 말아야 한다. 마지막으로 부정적 생각을 그대로 받아들이지 않기. 이것은 우울증의 증상이고 우울증이 치료되면 없어질 것이다.

스트레스 치유

• • •

"주의 성령이 내게 임하셨으니 … 눌린 자를 자유케 하고"(눅4:18). 최근 10년 동안 스트레스에 관련된 여러 분야의 책에 많이 출간되고 있다. 그 이유는 병의 거의 90%가 스트레스에서 유발되기 때문인데, 문제는 그 치료 쉽지 않다는 점이다.

원래 스트레스는 물리학에서 사용되던 용어로 '물체에 가해지는 물리적 힘'을 의미하였다. 이것이 의학에 적용되어 외부에서 가해지는 여러 가지 자극이나, 내부에서 생리적으로 발생하는 자극 또는 마음속에서 일어나는 갈등 등 일상생활을 해나가는 데 불편이나 지장을 초래하는 모든 형태의 방해현상으로 정의되고 있다. 또 만성적으로 불안상태를 불러일으키는 모든 자극을 통틀어서 말하기도 한다.

현대인의 일상은 건강을 유지하기가 어렵게 되어있다. 워낙 쉴 새 없이 돌아가는 업무 때문에 스트레스가 쌓이고 시간을 내어 운동하는 것도 쉽지 않다. 경쟁시대에 살다 보니 적절한 휴식은커녕 식사시간도 불규칙하다. 더욱이 스트레스를 해소하기 위해서 습관적인 음주와 과도한 흡연을 예사로 하다 보니 건강과는 거리가 멀어진다. 육체와 정신은 불가분의 관계를 맺고 있기에 육체가 병들면 정신이 약해지고 정신이 병들면 육체가 약해진다. 의학계 조사에 따르면 위장병의 80%, 피부병의 60%가 스트레스 등 심리적인 원인으로 발생한다고 한다. 스트레스가 쌓이면 여러 신체적인 증상으로 나타나며 인간관계가 원활하지 못하면 몸속의 신경계통과 호르몬 계통에 이상이 생겨 질병으로 발전한다.

현대 사회에서 약간의 스트레스도 경험하지 않는 사람은 아마도 없을 것이다. 적당한 스트레스는 새로운 자극을 주어 동기와 에너지를 부여하고, 적절하게 극복할 수만 있다면 생활의 활력소가 될 수도 있다. 그러나 스트레스 점수가 높을수록, 우울증이나 불안과 같은 정서장애뿐 아니라 위궤양, 당뇨병, 관절염, 천식, 뇌졸중, 심지어는 암의 발생률까지도 높은 것으로 나타났다.

스트레스는 그 근원을 찾아내서 제거할 수 있으면 좋겠지만, 그럴 수 없을 때는 자신의 대처방법을 검토하고 대안을 찾는 수밖에 없다.

그 방법으로는 '쓸데없는 일에는 신경 쓰지 않는다, 무엇이 스트레스를 주는지 파악한다, 자신의 반응양식을 분석한다, 직면하고 해결책을 찾는다, 과거지사에 얽매이지 않는다, 생활 장면을 전환한다, 자신감을 기른다, 선택과 포기를 명확히 한다, 암묵적인 규칙에서 벗어난다' 등이 있을 것이다.

분노의 치유

• • •

어느 날 한 목사님이 분노에 대해 설교를 했다. 예배가 끝난 뒤 한 부인이 목사님께 다가와 자기가 성질이 너무 급하다며 고민을 털어놓았다.

"목사님 저는 작은 일에도 쉽게 폭발을 하지만 그리고 나서는 뒤가 없습니다. 금방 풀어버립니다. 마음에 두고 '꽁' 하고 있지는 않지요. 1분도 안 걸려 그 사람하고 그 자리에서 다 툭툭 털어버리고 끝납니다."

목사님께서 그 부인의 눈을 들여다보면서 정중히 말했다.

"엽총도 그렇습니다. 한 방이면 끝나지요, 오래 안 걸립니다. 다 박살 나지요."

분노는 터지고 나면 주워담을 수 없다. 분노는 하나님께서 허락하신 감정 중의 하나다. 그러므로 분노는 누구에게나 있는 보편적인 감정이다. 이처럼 분노는 누구에게나 있고 화가 나는 것은 자연스러운 감정이다. 다만 화를 참아서 무의식 속에 욱여넣느냐 아니면 바로 화를 내느냐에 대한 차이가 있을 뿐이다. 한번 만들어진 '분노의 성'은 인간이 의지적으로 허물어버리기 어려운 통제 밖 무의식 세계가 된다. 이미 거기에는 사탄이 거할 수 있는 안전한 집을 만들어주었기 때문이다. 이 단계가 되면 용서하고 싶어도 이미 내가 감정의 주인이 아니므로 통제하지 못하게 되어버린다. 마치 암세포가 그 군(群)을 이루게 되면 점점 성장, 전파하여 확대되듯이 이 '분노의 성'도 점점 확대, 성장하게 되어 스스로 감정을 통제할 수 없는 최악의 지경에 빠지게 되는 것이다.

특히 음주 상태나 무의식 상태에서는 자기의 본의와는 완전히 다르게 행동하게 되는데 바로 무의식 속의 이 분노의 성이 표출되어 행동을 지배하고 있기 때문이다. 불쑥 튀어나오는 욕설, 갑자기 자기도 모르게 치밀어오르는 감정, 나도 모르게 나오는 순간적 행동들…. 모두가 무의식 속의 '분노의 성'이 여리고 성같이 단단하게 포진되어있다는 증거다. 그러므로 분노의 성을 쌓지 않도록 해야 한다.

한편 분노의 표출 방법도 여럿이 있다. 첫째, 분노는 억압될 수 있다. 때때로 우리는 분노를 속에 품고 소리 없이 속을 끓인다. 분노는 생리적으로 신체를 자극하며, 억눌려진 분노는 암이나 두통, 혹은 다른 심리적 질병을 일으킬 수 있다. 또한 우울증을 일으킬 수도 있다. 둘째, 분노는 육체적으로 표현될 수 있다. 상담가들은 분노를 억누르기보다는 그것을 나타내야 하며, 우리 가슴에서 몰아내고 그 울분을 폭발시키거나 운동이나 다른 근육 운동으로 활성화해버려야 한다고 주장해왔다. 셋째, 분노는 말로 표현될 수 있다. 가구를 발로 차거나 고함을 치는 것이 모두 건전한 방법이 아니라면 분노를 부드럽고 조용한 말로 표현하는 것은 어떻겠는가?

심리학자들은 분노에 대응하는 방식에 대하여 '분노를 의식적으로 억제한다, 파괴적 반응으로 분출시킨다, 분노를 피동적으로 억압한다, 무시한다' 등으로 열거한다. 그러나 그리스도인들은 하나님 안에서 누리는 즐거움, 기쁨, 행복감을 방해하는 것이 영혼의 질병임을 알고 우리 속에 무엇이 들어있는지를 직면함과 더불어 외면적으로 꾸미는 영적가면으로부터 과감히 탈피함으로 하나님 은혜의 보좌 앞에 정직하게 내 마음의 상태를 토설하여야 한다. 그리하여 예수님의 피 뿌림과 어루만짐을 간구해야 한다. 토설한 후에는 예수님의 용서와 축복을 통한 자유함을 누려야 한다.

생각의 치유

• • •

생각을 치유하면 병든 육체가 치유된다. 보이지 않는 4차원의 세계가 보이는 3차원의 세계를 만들었듯이 눈에 보이지 않는 자신의 내면 세계인 영, 정신, 마음, 사고의 세계가 눈에 보이는 현실 세계를 만들어간다. 생각은 눈에 보이는 모습을 형상화하려는 본성이 있다.

개럿 포토는 6개월 정도밖에는 살 수 없다는 판정을 받은 말기 암환자였다. 그는 아주 심한 악성 종양을 앓고 있어 방사선 치료도 효과 없었다. 종양의 위치 때문에 수술도 불가능했고 넘어져도 자기 힘으로는 도저히 일어설 수 없었다. 그는 마음속으로 자신의 면역 시스템이 아주 강하다고 시각화했다. 〈별들의 전쟁〉처럼 뇌를 태양계로, 종양을 태양을 침입하는 나쁜 악당이라고 상상한 것이다. 그리고 자기 자신을 종양과 맞서 싸워 이기는 전투부대의 대장으로 시각화했다. 초기에는 상태가 악화되는 듯했지만 점차 좋아지기 시작해 5개월 후에는 뇌 검사 결과 종양이 없어졌다. 이 방법은 방사선 치료 실패 후 채택한 유일한 치료요법이었다.

로고스는 하나의 사상이다. 하나님의 사상이 말로서 옷 입고 나온 것이 로고스다. 모든 우주가 하나님의 생각에서 나왔다. 하나님은 우리의 생각과 믿음과 꿈을 통하지 않고는 일하지 않는다. 우리 자신의 생각을 늘 발전시켜 나가지 않으면 하나님은 자신을 우리에게 나타낼 수 없으며, 우리를 통하여 일할 수 없다. 긍정적인 사고와 가능성의 사고를 발전시켜 나가야 한다.

성공과 실패는 사고에서부터 출발한다. 내 인생은 내 생각이 만들어낸다. 생각을 잘 훈련해야 한다. 하나님의 생각을 내 생각으로 하라. 성경은 하나님의 생각이다. 생각을 습관화하려면 최소 21일 반복해야 한다. 좋은 일이든 나쁜 일이든 반복하면 습관이 생긴다. 불안, 공포, 근심, 걱정을 가지면서 담대해지려고 하면 안 된다. 대담한 생각, 대담한 행동을 의지적으로 반복하라. 반복하면 습관이 된다. 사람이 생각을 바꾼다는 것은 인생 전체의 운명을 바꾸는 것이다. 생각의 변화를 가져오도록 잠재의식 속에 당신의 성공을 입력시켜라. 훈련하라. 자기가 자기를 바보같이 생각하면 바보가 된다. 자기가 자기를 소심하다고 생각하면 소심한 사람이 된다. 자기가 자기 몸이 약하다고 생각하면 몸이 약한 사람이 된다. 자기가 병으로 죽는다고 생각하면 그 병으로 죽고 치유받는다고 생각하면 치유된다.

우리의 가장 무서운 적, 사탄이 노리는 표적은 우리의 생각이다. 사탄은 우리의 생각을 통제하고 조정함으로써 우리의 인생 전체를 자기 마음대로 조정할 수 있다는 사실을 잘 안다. 실제로 생각에 따라 행동과 태도와 자아상이 결정된다. 운명이 생각에 달려있다 해도 과언이 아니다. 그래서 성경은 우리 마음을 경계하라고 말씀한다. 부정적인 생각에 빠질수록 부정적인 사람이 되고 그로 인해 부정적인 행동과 철학과 생활방식이 나타난다. 우리는 마치 자석처럼 생각이 있는 곳으로 조금씩 끌려간다. 항상 긍정적이고 행복하고 기쁜 생각을 하면 그런 사람이 되어간다.

우리의 생각은 감정에도 영향을 미쳐 그대로 반영된다. 그래서 먼저 행복한 생각을 품지 않으면 절대 행복할 수 없다. 반대로 절망적인 생각을 품지 않는 한 절대 절망할 수 없다. 인생의 성공과 실패는 우리 마음에서 비롯하며 우리 마음이 어디에 거하느냐에 따라 우리의 미래가 결정된다. 자기를 묶고 있는 고정 관념에서 벗어나라. 심리학계의 아버지라 불리는 윌리엄 제임스는 금세기의 가장 위대한 발견은 물리학 분야에 있는 것이 아니라 마음가짐이라고 하며, 생각을 바꿀 때 모든 운명까지도 바꿀 수 있다고 했다. 그래서 "생각이 바뀌면 행동이 바뀌고, 행동이 바뀌면 습관이 바뀌고, 습관이 바뀌면 성격이 바뀌고, 성격이 바뀌면 인격이 바뀌고, 인격이 바뀌면 운명이 바뀐다"는 유명한 말을 했다.

정용현 씨, 참으로 고생 많았소!

이전부터 하나님이 내게 주신 은혜에 대해 기록으로 남겨야겠다는 감동을 가졌으나 사선을 넘는 탈북자들의 절규에 가까운 고통을 전해 들으면서 쓰기가 부끄러워서 주저하였다. 그리하여 한참을 망설이다가 2019년 대한예수교장로회(통합) 부천노회 역사위원장이 되어 『부천노회 20년사』를 발간하면서 새롭게 생각하게 되었다. 더불어 동료 목사님들의 권면과 협조로 다시 용기를 얻게 되었다.

그러면서 나 나름대로 하나님의 은혜가 있고 또한 나의 흔적을 남기고 싶은 마음이 생겼으며, 나와 같은 아픔을 가지고 고통당하는 자들이 있다면 70여 년을 몸부림치면서 터득하고 깨달은 모든 은혜와 경험들을 공유해 도움이 되고 싶어졌다. 그렇게 영혼과 육신, 그리고 부부생활과 가정, 우울증, 분노, 마음의 상처 등 건강 문제로 고통당하고 있는 분이 있다면 조금이라도 도움이 되었으면 하여 다시 글을 쓰게 되었다.

지금은 자기 PR시대라고들 한다. 그래서 세상 사람들은 자기를 드러내기 위해 애를 쓴다. 그러나 바울은 자신의 약한 것들을 자랑하겠다고 하였다. "내가 이런 사람을 위하여 자랑하겠으나 나를 위하여는 약한 것들 외에 자랑하지 아니하리라"(고후12:5). "그러므로 내가 그리스도를 위하여 약한 것들과 능욕과 궁핍과 박해와 곤고를 기뻐하노니 이는 내가 약한 그 때에 강함이라"(고후12:10). 나도 나의 부끄럽고 약한 것들을 자랑하면서 하나님께서 내게 덤으로 주신 은혜들을 증거하였다.

나의 인격이 만들어지고 이 책이 쓰이기까지 인내하면서 견뎌준 정순자 아내에게 먼저 감사하고 큰딸 정은선과 사위 박지만, 작은딸 정혜선과 사위 김성준, 그리고 두 손자 김하랑과 김하민에게 감사하며 또한 동생 정명현, 정현숙에게도 감사한다. 그리고 이 책이 나오기까지 주변에서 격려해주고 지도해주신 부천노회 목사님들께도 감사를 드린다.

어떻게 보면 나의 인생길은 내가 치유받기 위한 몸부림이었고 나의 목회길은 먹고살기 위한 몸부림이었는지도 모른다. 그런데도 그 파란만장한 인생길 속에 하나님이 계시지 않았더라면 나는 어떻게 되었을까? 생각만 해도 전율이 생긴다. 하나님은 나의 원천이시고 나의 전부이시고 나의 모든 것이시다. 할렐루야 지금까지 덤으로 살게 해주신 하나님께 감사드리며 그리고 인도해주신 하나님께 감사드린다. 이 모든 영광을 돌려드린다.

2023년 8월
정용현, 정순자

이유 없이
흔들리는 나무는 없다

초판 1쇄 발행 2023년 07월 31일

지은이 정용현, 정순자
펴낸이 류태연

편집 장현정
표지디자인 이재영 | **본문디자인** 조언수

펴낸곳 렛츠북
주소 서울시 마포구 양화로11길 42, 3층(서교동)
등록 2015년 05월 15일 제2018-000065호
전화 070-4786-4823 | **팩스** 070-7610-2823
홈페이지 http://www.letsbook21.co.kr | **이메일** letsbook2@naver.com
블로그 https://blog.naver.com/letsbook2 | **인스타그램** @letsbook2

ISBN 979-11-6054-645-3 03230

닻별은 렛츠북의 임프린트입니다.